FSC
www.fsc.org
MIX
Papier aus verantwortungsvollen Quellen
FSC® C006701

Besuchen Sie uns auf www.facebook.com/conbook

2. Auflage 2013
Ausgabe 2012

www.conbook-verlag.de
www.heimatbuch.de

In der Reihe »**Heimatbuch**« bisher ebenfalls erschienen:

Berlin	Murat Topal	ISBN 978-3-934918-84-9
Eifel	Hubert vom Venn	ISBN 978-3-934918-95-5
Franken	Mia Pittroff	ISBN 978-3-943176-00-1
München	Sarah Hakenberg	ISBN 978-3-934918-91-7
Ostfriesland	I. Lienemann, K. Jakob	ISBN 978-3-934918-87-0
Rheinland	Christian Bartel	ISBN 978-3-934918-89-4
Saarland	Detlev Schönauer	ISBN 978-3-934918-94-8
Schwabenland	Holger Hommel	ISBN 978-3-934918-90-0
Tirol	Ludwig Wolfgang Müller	ISBN 978-3-934918-97-9
Westfalen	Mischa-Sarim Vérollet	ISBN 978-3-934918-93-1
Wien	Buchgraber & Brandl	ISBN 978-3-934918-88-7

Projektleitung und Lektorat: Stephan Ditschke
Einbandgestaltung: David Janik
unter Verwendung eines Motivs von © Antje Bakker, www.antje-bakker.de
Karte Hamburg: verlagsintern mit Illustrationen von Tania Kibermanis
Satz: Reihs Satzstudio, Lohmar
Druck und Verarbeitung: CPI – Ebner & Spiegel, Ulm

Printed in Germany

ISBN 978-3-943176-19-3

Tania Kibermanis

Nicht lang schnacken! HAMBURG

ein Heimatbuch

Hamburg, das ist nicht eins, das ist vieles: Alster und Elbe, Hafen und High Society, Kiez und Klüngel, HSV und FC St. Pauli, ein dauerverregnetes Tor zur Welt. Hier kann man das Meer riechen, aber noch nicht sehen.

In Tania Kibermanis' Reigen von Geschichten geben sich Bürgerkinder und Punks, Neureiche und Abgestürzte, Schnösel und Seeleute die Klinke in die Hand. An ihrer Seite führt das »Heimatbuch Hamburg« durch einen Tag in der Stadt der Kontraste: Vom Fußballstadion über Elbstrand und Hafen bis zur Rennbahn, von einer Wohnungssuche mit Tücken über eine Beerdigung bis vor die Füße eines entführten Pinguins. Tief ins Herz der Stadt und ihrer Bewohner geht der Weg – und an zauberhafte Orte, die sonst kaum jemand kennt.

Tania Kibermanis, geboren 1972, lebt mit ihrem Sohn, einer Bulldogge und einer Dauerkarte für den besten Fußballverein der Welt auf St. Pauli. Nach ihrem Studium der Germanistik, Psychologie und Kunstgeschichte sowie Stationen als Fahrerin für Organtransporte, Theaterschauspielerin und Trickfilmsynchronsprecherin arbeitet sie seit 2004 als freie Autorin. Neues entdeckt sie nicht nur gerne auf Reisen nach Benin, Kamerun und in den Rest der Welt, sondern am liebsten vor der eigenen Haustür. Ihre Porträts, Erzählungen und Kolumnen sind in zahlreichen Zeitschriften, Zeitungen und Anthologien erschienen, darunter *ZEIT*, *taz*, *Junge Welt* und *Brigitte Woman*.

Inhalt

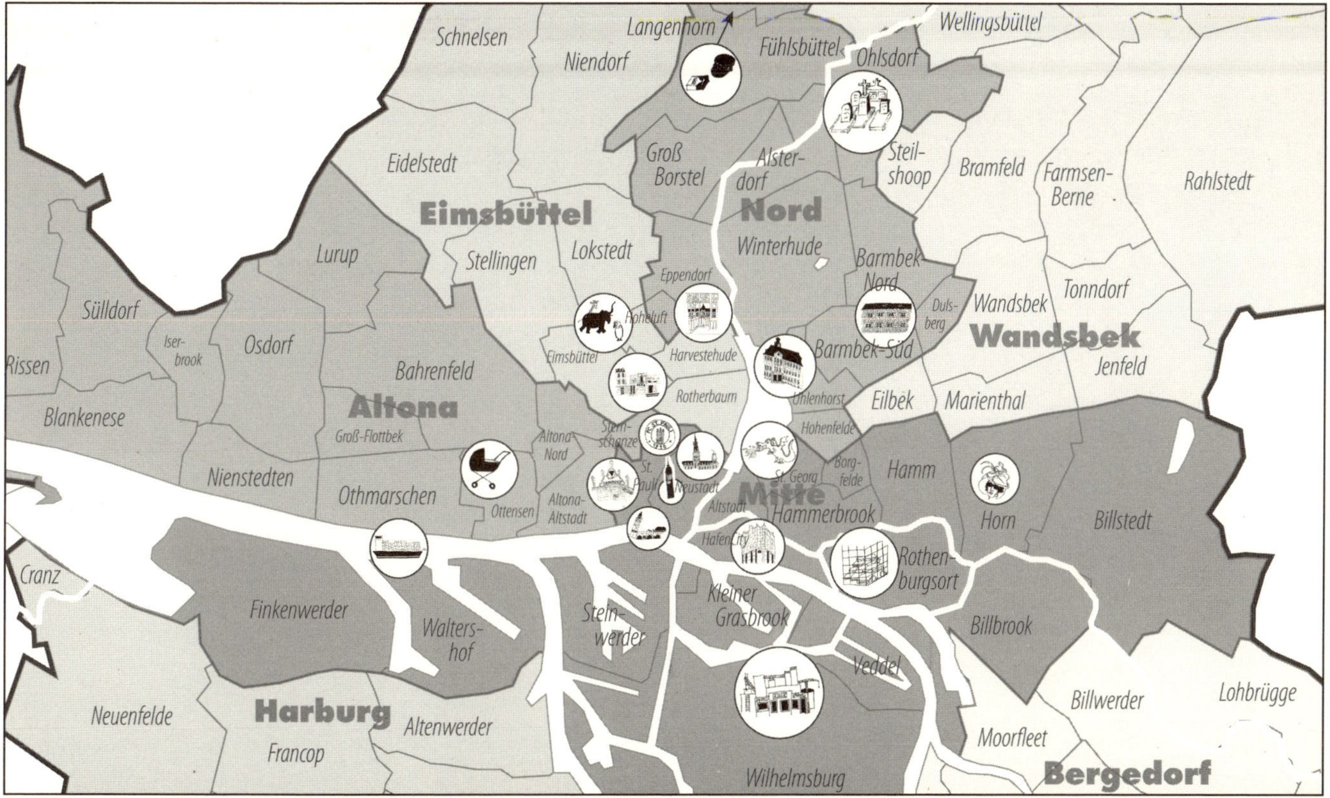

Eimsbüttel
Nord
Wandsbek
Altona
Mitte
Harburg
Bergedorf
Schnelsen
Langenhorn
Fühlsbüttel
Ohlsdorf
Wellingsbüttel
Niendorf
Eidelstedt
Groß Borstel
Alsterdorf
Steilshoop
Bramfeld
Farmsen-Berne
Rahlstedt
Lokstedt
Stellingen
Winterhude
Barmbek-Nord
Tonndorf
Lurup
Eppendorf
Wandsbek
Sülldorf
Iserbrook
Osdorf
Hoheluft
Dulsberg
Harvestehude
Barmbek-Süd
Jenfeld
Rissen
Eimsbüttel
Bahrenfeld
Rotherbaum
Uhlenhorst
Eilbek
Marienthal
Blankenese
Groß-Flottbek
Sternschanze
Hohenfelde
Altona-Nord
St. Georg
Borgfelde
Hamm
Horn
Nienstedten
St. Pauli
Neustadt
Othmarschen
Ottensen
Altona-Altstadt
Altstadt
Hammerbrook
Billstedt
HafenCity
Rothenburgsort
Cranz
Finkenwerder
Steinwerder
Kleiner Grasbrook
Waltershof
Billbrook
Veddel
Neuenfelde
Altenwerder
Billwerder
Lohbrügge
Francop
Moorfleet
Wilhelmsburg

Für Teo

Moin!
Ein Vorwort

Vorweg: Ich liebe Hamburg. Den Hafen, die Nähe zum Meer, die Grundhöflichkeit der Hanseaten. Die Reeperbahn an einem Montagmorgen im Winter, wenn alles ganz still ist. Den Elbstrand, den Michel, den Ansagetext der Hafenfähre: »Achtung! Das Schiff legt an beziehungsweise ab.« Und Seemannschöre sowieso. Aber manches vielleicht mehr als anderes – in Hamburg muss man auch Entscheidungen treffen: Elbe oder Alster, Holsten oder Astra, St. Pauli oder HSV. Beides geht nicht. Wer sagt: »Ich mag aber beide gleich gern«, zeigt keine Diplomatie, sondern Rückgratlosigkeit. Trotzdem trifft man oft auf jenen gönnerhaften Typ, der meint, dass St. Pauli auch in die Bundesliga gehöre – nur eben in die zweite. Und dass St. Pauli zwar der deutlich sympathischere Club sei, aber, na ja, guten Fußball, so richtig guten, den spiele eben nur der HSV.

Diplomatie hat mir noch nie gelegen. Es gibt daher Stadtteile, die sind mir vertrauter als andere. Und es gibt Menschenschläge, die liegen mir ein paar Zentimeter näher am Herz. Und das schlägt besonders für die abseitigen Dinge, für die Verschrobenheiten, die Risse und

Brüche – und für den FC St. Pauli. Ich bitte, mir das nachzusehen.

Und dann gibt es noch die Menschen und Viertel, die genauso zu Hamburg gehören, ohne die diese Stadt so unvollständig wäre wie Barmbek ohne Backstein. Oder Eppendorf ohne Schnösel. Oder Langenhorn ohne Helmut Schmidt. Käme ich von einem anderen Planeten, wäre ich sicher objektiver. Aber ich lebe mittendrin in dieser prächtigen Stadt, und aus der Mitte kann man bekanntermaßen nicht drübergucken.

Vieles in diesem Buch habe ich belauscht, erlebt oder erzählt bekommen, ausdenken musste ich mir das Wenigste. Danke, Hamburg, dass du mir so viele schöne Situationen vor die Füße gespielt hast. Ich musste sie nur noch in Tore verwandeln. Ob diese Tore gelungen sind, dürfen Sie entscheiden. Und wenn Sie meinen, ich würde einer Sache nicht gerecht, dann würden Sie mich glücklich machen, wenn Sie trotzdem ganz hanseatisch darüber lächeln.

Ein paar Worte zu Hamburg ganz allgemein

Hamburg hat 1,8 Millionen Einwohner, 104 Stadtteile (die Nordseeinsel Neuwerk ist übrigens einer davon und gehört zum Verwaltungsbezirk Hamburg-Mitte) und den größten Hafen Deutschlands. Im Laufe eines Jahres fallen durchschnittlich 773 Millimeter Regen, und hier leben Menschen mit 183 verschiedenen Staatsangehörigkeiten. Ein durchschnittlicher Hamburger Angestellter verdient knapp über 47.000 Euro brutto jährlich, in Hamburg gibt es 40.000 gemeldete Hunde und über fünf Millionen

Touristen pro Jahr. Hamburg hatte die erste Tankstelle Deutschlands und besitzt mit dem Schauspielhaus die größte Sprechbühne der Republik. In Hamburg wurden der Adventskranz und das öffentlich-rechtliche Fernsehen erfunden. Hamburg hat 100 Konsulate, 87 freiwillige Feuerwehren und mehr als 1.000 Stiftungen mit einem Gesamtvermögen von über drei Milliarden Euro.

Mit diesem wunderbaren Faktenwissen kann man in einer Quizshow sicher weit kommen. Aber Hamburg erschließt sich am besten über seine Bewohner. Hier hat man einen ganzen Zoo, vom Seebären bis zum Immobilienhai, von der Schnepfe bis zur Bordsteinschwalbe. Sie alle lieben ihre Stadt, ihr Viertel, ihren kleinen Kiez – jeder auf seine ganz eigene Weise. Und man kann nur gewinnen, wenn man sich auf die Hamburger einlässt.

Ein paar Worte zu diesem Buch

Das *Heimatbuch Hamburg* kann man ganz nach Belieben gebrauchen: Entweder liest man nur die Geschichten, alle hintereinanderweg, dann wird man sehr schnell bemerken, dass jede mit der nächsten und der vorangegangenen zusammenhängt. Oder man liest nur die Kapitel über die jeweiligen Orte und Themen, die einen gerade interessieren und spart sich den Rest – auch das geht. Nur in ganz wenigen Fällen wird man sich dabei über eine Figur wundern, die unvermutet auftaucht – die wurde dann schon im vorigen Kapitel vorgestellt. Oder man liest gar keine Geschichten, sondern nur die grau hinterlegten Infoteile mit ihren Was-man-hier-Schönes-machen-kann-Tipps – auch so kann man wunderbar klarkommen.

Oder man liest einfach alles – und verliert sich dabei im heimeligen, schroffen, eitlen, verwegenen und liebenswerten Hamburg.

08:00

Außenalster

Hier das Wetter für die schönste Stadt der Welt – morgens: zwölf Grad, Nieselregen, nachmittags kann es zu Orkanböen kommen, abends klart es auf, und vielleicht haben wir ja Glück und die Sonne lässt sich zwischendurch noch mal blicken. Für Juli ist es allerdings deutlich zu kalt.«

Nein, es regnet in Hamburg nicht die ganze Zeit. Abgesehen davon ist Regen was für Profis und Kenner. Schönes Wetter kann selbst Kassel. Hamburg dagegen zeigt sogar im Nieselregen Grandezza.

Was wäre die Elbe ohne ihren grauen Schleier? Die Kirchtürme im Sonnenschein? Fast schon ordinär malerisch, degoutant hübsch, einfach zu billig! Kaum fallen ein paar Tropfen oder es weht ein Lüftchen, maulen die Schwaben und Thüringer: »Das ist ja typisches Hamburger Wetter!«

Aus dem suppigen Blaugrau des Morgens recken zehn Türme ihre Hälse in den Himmel. Zu ihren Füßen dümpelt, gerahmt von tief hängenden Weiden, eine Schwanenfamilie im Wasser.

Doch die Idylle trügt, rund um die Alster herrscht schon im Morgengrauen Krieg. Radfahrer pesen zwischen Joggern, Power- und Nordic-Walkern im Slalom hindurch. Eine vierspurige Autobahn zu überqueren würde weniger Risiken in sich bergen, alle beanspruchen sie IHREN Platz in IHREM Tempo, denn es ist ein hartes Leben rund um die Alster …

Zwei ehrgeizige Körper in Trainingsanzügen – nennen wir sie Manja und Sophie – stählen ihre Pos im Wiegeschritt. Blonde Pferdeschwänze wippen. Ein Weimaraner mit wehenden Ohren hält silbrig Schritt.

»Paula, hiiier! Pau-la! Nicht da hin!« Manja packt das Tier am strassbesetzten Halsband.

»Du, die Kiki ist aber auch ganz schön aus dem Leim gegangen«, raunt Sophie schwer atmend. »Die passt in keine 34 mehr! Ich gehe jetzt zweimal die Woche zum Indoor Cycling ins Aspria, das ist ja bei uns direkt um die Ecke.«

»Ich mache jetzt Bikram-Yoga, das ist Yoga bei 40 Grad, ich sag dir, das bringt was!«

»Du musst mir mal ganz dolle die Daumen drücken, Süße, heute kommt der Kunde, der sein Haus auf Sylt eingerichtet haben will, komplett mit Lampen und Teppichen und Vasen! Wenn das klappt, dann kauf ich mir diesen Mantel von Marc Cain, weißt du, den die Wiebke neulich in Ecru anhatte, als wir bei Bobby Reich waren, als der Immo dann so schnell los musste, weil noch eine Anfrage aus Shanghai reinkam.«

»Die Wiebke war ja übrigens vor ein paar Wochen in der *Gala*, die hatte so ein unvorteilhaftes Kleid an, die sah richtig schwanger aus.«

»Wieso war denn ausgerechnet die Wiebke in der *Gala*? Die kann doch nichts, außer mit einem Filmproduzenten verheiratet zu sein.«

»Apropos Hochzeit – unser Wedding Planner hat ein wunderschönes Landgut gefunden, da können wir groß feiern. Was meinst du: eher schlicht mit Fingerfood oder opulenter, mit gedeckter Tafel und Dienern? Ich kann mich nicht entscheiden, der Immo hat mir da freie Bahn gelassen. Ich kenn da auch eine Stylistin, die schminkt sonst immer Sabine Christiansen, und die sieht für ihr Alter doch noch supi aus!«

»Nur die Haare wirken bei der immer ein bisschen kaputt. Ich muss auch mal wieder dringend zum Friseur, mit gesplissten Spitzen sieht man ja aus wie ein Hartz-IV-Empfänger!«

»Ich muss auch gleich los, unsere Wohnung sieht wieder aus! 200 Quadratmeter putzen sich eben nicht von allein. Ich mach das ja nicht selbst, aber wenn die Ivanka wieder mit einem scharfen Scheuermittel an die Terrakottafliesen rangeht, dann sind 12.000 Euro hinüber, das ist ja auch Geld. Und meistens können die die Etiketten ja auch gar nicht richtig lesen. Da muss ich schon immer dabei sein und aufpassen, dass das alles richtig läuft. Ich hab nichts gegen Ausländer, versteh mich da bitte nicht falsch, wir spenden regelmäßig für einen Verein, der Kinder in Indien und Pakistan operiert, das ist eine tolle Sache!«

»Ist das der Verein, den dieser eine Chefarzt aus dem UKE gegründet hat? Du, das ist ja witzig, den kennen wir auch, mit dem geht der Jörn immer golfen ...«

Inzwischen hockt die Schwanenfamilie am Ufer wie ein gut designtes Dekoobjekt. Paula reckt ihre Nase. Einer der Schwäne spreizt die Flügel und watschelt fauchend auf Paula zu. Sofort umringen vier Schwäne den verdutzten Hund wie eine Streetgang ihr Opfer. Wer sich heutzutage noch einen Kampfhund hält, kann sich hier davon überzeugen lassen: Die wahrhaft perfekte Symbiose aus Eleganz und unbedingtem Tötungswillen ist der Schwan. Erst bellt Paula noch. Dann winselt sie. Ein Schwan landet mit Anlauf in Paulas Nacken und beißt.

»Hat der ZÄHNE? Geh weg, geh doch we-heg!«, ruft Manja.

»Warum dürfen die eigentlich frei rumlaufen, wenn die so gefährlich sind? Dann kann doch sonst was passieren, das muss doch verboten werden, schon wegen der ganzen Kinder hier …«

»Paula, ohgottogott, Paula, kommst du hierher!« Manja versucht, ihre Hand in das Getümmel zu schieben und Paula am Nacken herauszuziehen. Einer der Schwäne zwickt den völlig überforderten Hund in den Hinterlauf. Als Paula sich gerade winselnd geschlagen gibt, klingelt es plötzlich laut im Gras. Die Schwäne flattern erschrocken auseinander und treten den Rückzug an.

Manja hockt sich neben den Hund und streichelt ihn. Neben ihr klingelt es weiter. »Guck mal, ein Handy«, sagt sie.

Sophie tritt ungeduldig von einem Fuß auf den anderen, dann reicht sie Manja eine Hand, um sie hochzuziehen. »Komm jetzt, Süße, lass liegen. Ist ja nicht mal ein iPhone!«

Boote, Schwäne und das Atlantic – rund um die Außenalster

Die Alster ist ein Fluss, KEIN See, obwohl sie von vielen Touristen aus Übersee als *the big lake* bezeichnet wird. Um 1200 wurde die Alster aufgestaut, um die Wasserkraft für Mühlen zu nutzen. Sie entspringt 25 Kilometer vom Hamburger Stadtzentrum entfernt im Henstedter Moor, ist insgesamt 56 Kilometer lang und mündet in die Elbe. Die kleinen Verbindungskanäle zwischen den beiden Flüssen nennt man Fleete. Aus ihrer Brühe wurde ursprünglich sogar Bier gebraut – und jeden Freitag wurden die Anwohner angewiesen, nicht in die Fleete zu *schieten*, weil das dem Brauereiprodukt nicht unbedingt zu besserem Geschmack gereichte. Hamburg hat übrigens insgesamt über 2.300 Brücken, also mehr als Venedig und Amsterdam zusammen, und ist damit die brückenreichste Stadt Europas.

Die Alster hat eine Fläche von gesamt 160 Hektar, das entspricht ziemlich exakt der Gesamtfläche des Fürstentums Monaco, und hier wie dort ist ums Wasser der Reichtum versammelt. Vielleicht verliert man an Bodenhaftung, wenn man diesen Ausblick jeden Tag vom Wohnzimmerfenster aus genießt. Oder vom Billardzimmer, aus dem begehbaren Kleiderschrank oder aus der Workout-Lounge. Mach's dir nett hier, aber nicht abheben, gell? Das schaffen eben nicht alle in Rotherbaum, Harvestehude und Pöseldorf, Winterhude, Uhlenhorst, Hohenfelde und St. Georg, den Stadtteilen, die an die Außenalster grenzen. Nirgendwo sonst in Hamburg wird übrigens so derart verbissen gejoggt und gesportelt wie rund um die Alster – und schon gar nicht um acht Uhr morgens.

Mitten in der Binnenalster thront im Winter ein riesiger Weihnachtsbaum, im Sommer sprüht dort die Alsterfontäne bis zu 35 Meter hoch in den manchmal sogar blauen Himmel. Die Außenalster trägt vorwiegend Weiß: Das an seiner tiefsten Stelle nur 2,50 Meter seichte Wasser teilen sich Schwäne und Segelboote. Im 19. Jahrhundert schwamm mitten auf der Außenalster außerdem eine Vergnügungsinsel für Kaiser Wilhelm II. – mit einem verkleinerten Nachbau von Schloss Babelsberg und Platz für 1.600 Menschen.

Von der Außenalster sieht man übrigens insgesamt zehn Kirch- und andere Türme (von links nach rechts):

1. St. Marien
2. Heilige-Dreieinigkeits-Kirche – hier wurde schon Hans Albers konfirmiert
3. St. Jacobi
4. St. Katharinen – eine Sage erzählt, der Ring um den Turm bestehe aus dem erbeuteten Gold des Piraten Störtebeker
5. St. Petri
6. St. Nikolai – hiervon steht nach der Zerstörung im Zweiten Weltkrieg kaum mehr als der Turm, dieser aber ist neben dem Ulmer Münster und dem Kölner Dom der drittgrößte Kirchturm Deutschlands
7. Glockenturm des Rathauses
8. St. Michaelis, auch Michel genannt – Hamburgs Wahrzeichen, das auch für Sportskanonen interessant ist: Bis zur Aussichtsplattform sind es 449 Stufen
9. Heinrich-Hertz-Turm, auch Telemichel genannt – der Fernsehturm ist mit 271 Metern das höchste Hamburger Bauwerk; leider ist die Aussichtsplattform seit

über zehn Jahren geschlossen und wird – da sich kein Betreiber findet – voraussichtlich auch nicht wieder eröffnet

10. St. Johannis – hat neben dem Hauptturm zwölf Nebentürme und symbolisiert damit Jesus und seine Jünger

Alle Kanäle der Außenalster sind befahrbar, die meisten allerdings wegen der geringen Wassertiefe nur mit Ruderbooten. Beim **Bootsverleih Dornheim** am Goldbekkanal in Winterhude kann man Kanus und Paddelboote leihen.

Kaemmererufer 25, Winterhude
Tel. 040/2794184
www.bootsvermietung-dornheim.de

Es gibt 4.000 registrierte Segelboote auf der Alster, hier darf jeder segeln, auch ohne Schein. Motorisierte Fahrzeuge sind verboten, mit Ausnahme von Fahrzeugen der Wasserschutzpolizei und Baufahrzeugen für Reparaturarbeiten – und **Alsterdampfern**: Die Alster gewinnt deutlich an Charme, wenn man sich AUF ihr befindet. Vom Jungfernstieg legt stündlich ein Alsterdampfer ab, die Kapitäne, denen ich auch viele dieser Informationen zu verdanken habe, plaudern munter drauflos, und man wird beim Schippern über Sehens- und Wissenswertes auf der Strecke informiert. Wenn man schon immer einmal dringend heiraten wollte, kann man dies auch auf einem Alsterdampfer tun. Sehr zu empfehlen sind zudem die Fahrten durch die Alsterkanäle!

Anleger Jungfernstieg, Neustadt
Tel. 040/3574240
www.alstertouristik.de

Absolut empfehlenswert ist ein Besuch im **Hotel Atlantic** – selbst wenn man sich dort kein Zimmer leisten kann oder will.

Im Foyer kann man bei Kaffee und Pralinchen durchaus bezahlbar und stilecht herumlungern, in Weltstarmanier in die dicken Sessel sinken, und das Personal hat zudem den Benimm einer Knigge-Gesamtausgabe – es lässt einen keinesfalls spüren, dass man nur eine kleine Wurst und kein bisschen berühmt ist.

Das Atlantic wurde 1909 für die Passagiere der Hamburg-Amerika-Linie eröffnet, um dort die Reisenden der Ersten Klasse standesgemäß unterzubringen. Eine Woche nach der Eröffnung war es bereits komplett ausgebucht. Gekostet hat der Spaß 14 Millionen Goldmark, das »weiße Schloss an der Alster« war damit drei Millionen Goldmark teurer als das ein Jahr zuvor fertiggestellte Rathaus. Inzwischen bewegen sich die Zimmerpreise zwischen 209 Euro pro Nacht für das Superior-Doppelzimmer und 670 Euro für die Superior-Suite mit Alsterblick.

Klientel des Atlantic waren und sind zahlreiche Staatspräsidenten, Künstler und Stars aus der Film- und Musikbranche.

Eine kleine Auswahl: Residiert haben hier unter anderem Charles de Gaulle, Willy Brandt, Gerhart Hauptmann, Liz Taylor, Herbert von Karajan, Neil Armstrong, der Dalai Lama, Boris Jelzin, Kim Basinger, Yehudi Menuhin, David Copperfield, Arnold Schwarzenegger, Jessye Norman, Anthony Quinn, Tina Turner, Tom Cruise, Placido Domingo, Michail Gorbatschow, The Who, die Rolling Stones, Michael Jackson und Madonna. Der sicher berühmteste Dauermieter ist Udo Lindenberg.

1997 fanden im Atlantic die Dreharbeiten für den James-Bond-Film *Tomorrow Never Dies* mit Pierce Brosnan statt – man erinnere sich an die berühmte Szene an der Weltkugel auf dem Dach. Der spektakuläre Autoabsturz wurde in Wirklichkeit aber auf dem Dach des Horten-Kaufhauses in der Mönckebergstraße gedreht (heute Saturn). Übrigens waren ausnahmslos alle James-Bond-Darsteller einmal Gäste im Atlantic.

Zum besonderen Service des Hotels gehört auch, dass es sich auf die speziellen Wünsche seiner Gäste einstellt: Für den 1,95 Meter großen Charles de Gaulle wurde extra ein Bett in Übergröße organisiert, für Elton John wurde vom hauseigenen Pâtissier ein weißer Konzertflügel aus Zucker mit Kreissägenhut und Brille angefertigt, für Luciano Pavarotti brachte der italienische Barchef des Atlantic eigens eine von seiner Mutter gekochte italienische Tomatensoße mit, die der Tenor sich dann in seinem Zimmer erwärmte und gemeinsam mit dem Barchef verspeiste.

Und wie es sich für jedes gute Grandhotel gehört, hatte auch das Atlantic sein Skandälchen: 1966 logierte dort die israelische Sängerin Esther Ofarim mit ihrem Mann Abi. Sie wollten nach einem Konzert in der Hotelbar noch einen Absacker nehmen, und Frau Ofarim warf sich hierzu in einen für die Zeit hochmodernen Hosenanzug – zu modern für den Oberkellner, der ihr den Zugang verweigerte und darauf verwies, dass in dieser Bar nur Damen im Rock Zutritt hätten. Daraufhin verzichtete Frau Ofarim auf ihren Drink im Atlantic und zog verschnupft von dannen. Der damalige Hoteldirektor des Atlantic entschuldigte sich am nächsten Tag öffentlich im *Hamburger Abendblatt* mit den Worten: »Wir legen Wert darauf, dass abends in unserem

Hause vorschriftsmäßige Garderobe getragen wird, aber sobald der Hosenanzug für Damen offiziell als Abendgarderobe anerkannt wird, wird sich unser Hotel umstellen.«

An der Alster 72–79, St. Georg

Tel. 0 40/2 88 80

www.kempinski.com/de/hamburg

Am Schwanenwik steht das **Literaturhaus**. Der Schwanenwik hat seinen Namen übrigens von den Alsterschwänen, die hier früher ihr Winterquartier hatten (jetzt werden die 400 bis 500 Schwäne über den Winter in den Eppendorfer Mühlenteich ausgelagert). Per Gesetz aus dem 17. Jahrhundert wurde das Beleidigen der Alsterschwäne offiziell unter Strafe gestellt.

Es gibt sogar einen offiziellen »Schwanenvater«, einziger Mitarbeiter der Zentralstelle Schwanenwesen im Bezirksamt Hamburg-Nord.

Zurück zum Literaturhaus. Alles, was in der Welt der schreibenden Zunft einen Namen hat und seit 1989 in Hamburg war, hat hier gelesen. Die Veranstaltungen sind oft weitaus zwangloser, als die Ehrwürdigkeit des Gebäudes vermuten lässt. Der Veranstaltungskalender ist ausgewogen gefüllt mit berühmten Autoren, Bestsellern und hoffnungsvollen Nachwuchstalenten, und im Haus residiert neben einem äußerst charmanten Café und dem Börsenverein des Deutschen Buchhandels (Region Norddeutschland) eine der schönsten Buchhandlungen Hamburgs, die Buchhandlung Samtleben.

Schwanenwik 38, Uhlenhorst

Tel. 0 40/22 70 20 11

www.literaturhaus-hamburg.de

Wer es sich wellnessmäßig so richtig dekadent besorgen will, dem sei das **Aspria Uhlenhorst** empfohlen – gestylter und moderner gibt's nicht in *tout* Hamburg.

Der Fitness- und Spa-Tempel hat im Frühjahr 2012 eröffnet und bietet in luxuriösem Interieur alles, was das verwöhnte Herz begehrt – allerdings entscheidet ein Membership-Komitee über die Aufnahme neuer Mitglieder. Nichtmitglieder können immerhin das Day Spa mit verschiedenen Saunen und kosmetischen Anwendungen nutzen.

Hofweg 40, Uhlenhorst

Tageskartenreservierung: Tel. 040/89955 0110

www.aspria-uhlenhorst.de

Kleiner Abriss der Hamburger Stadtgeschichte

Wenn man die Geschichte der Stadt Hamburg betrachtet, sieht man deutlich: Hier ging es beinahe seit der Gründung vorwiegend um Handel und Geschäfte.

Um 810 schickte Karl der Große eine Legion Gottesmänner in den Norden Germaniens, um die heidnische Region zu missionieren. Der prominenteste und diensteifrigste Missionar unter ihnen war der spätere Erzbischof Ansgar, der daher auch der »Apostel des Nordens« genannt wird. Zum Schutz der Missionare wurde die – schon längst nicht mehr existierende und nie zweifelsfrei gefundene – Hammaburg gebaut, die der Stadt ihren Namen gab.

1189 verlieh Kaiser Barbarossa der Ansiedlung am Alsterufer das Hafenrecht, und von da an ging es wirtschaftlich steil bergauf. Graf Adolf III., Edler Herr von Schauenburg und Graf von Holstein und Stormarn, baute die Gegend um die Alster zur Handelszone aus, den ersten Wirtschaftsboom erlebte Hamburg mit Bier: Über 600 Brauereien versorgten halb Norddeutschland, und als Hamburg im 14. Jahrhundert als eines der ersten Mitglieder dem Hansebund beitrat, etablierte sich die Stadt schnell als DER Umschlagplatz schlechthin zwischen Nord- und Ostsee.

1558 wurde hier die erste Börse Deutschlands begründet, erst über 100 Jahre später zog mit dem Opern-Theatrum am Gänsemarkt (dem Vorvorgänger der heutigen Staatsoper) die Kultur nach. Erst die Kohle, dann die Kunst – manche Dinge in Hamburg ändern sich nie. Man kann es auch Beständigkeit nennen – je nach Blickwinkel.

Die Reformation und den Dreißigjährigen Krieg ließ die Stadt ohne größere Schäden über sich ergehen, man wurde *en passant* protestantisch, und so blieb es bis heute. Zeiten wechselnder Besatzung überstand Hamburg mit hanseatischem Gleichmut – mal unterstand es dem dänischen König (was die Hamburger aber beharrlich ignorierten), von 1806 bis 1814 wurde es von den Franzosen besetzt. 1815 trat Hamburg dem Deutschen Bund bei und unter Bismarck wurde es 1867 Mitglied des Norddeutschen Bundes.

Auch an Katastrophen ist die Hamburger Stadtgeschichte alles andere als arm: 1842 zerstörte der Große Brand fast die komplette Altstadt und damit ein Viertel des gesamten damaligen Stadtgebietes: 20.000 Menschen wurden innerhalb von drei Tagen obdachlos, 1.700 Häuser und drei Kirchen brannten vollständig aus.

Die Choleraepidemie von 1892 raffte über 8.500 Menschen dahin. Die Stadt hatte sich bis dahin nicht dazu entschließen können, Trinkwasserfilter zu bauen, und so tranken die Leute – meist die Bevölkerung aus den Arbeitervierteln – die Dreckbrühe, die direkt durch das Hafenbecken floss. Der zu Hilfe gerufene Arzt Robert Koch sagte damals bei der Begehung des Gängeviertels: »Ich vergesse, dass ich in Europa bin!«

Den nächsten harten Schlag musste die Hamburger Bevölkerung bei der sogenannten Operation Gomorrha im Juli 1943 verkraften – als Vergeltung für die Zerstörung der englischen Stadt Coventry durch die Luftwaffe der Nazis. 2.300 Tonnen Bomben warf die Royal Air Force über Hamburg ab, aus den Bränden entwickelte sich ein Feuersturm, der tagelang wütete. Die Bilanz: 34.000 Tote, die meisten Stadtteile mit Industrie wie Altona, Barmbek, Wandsbek oder Hammerbrook waren zum größten Teil zerstört.

Im Februar 1962 drückte ein Sturmtief über der Nordsee die Elbe mit Macht landeinwärts. Die Hamburger Bevölkerung wurde nicht ausreichend und nicht rechtzeitig gewarnt, die zuständigen Behörden verloren den Überblick. Der damalige Innensenator Helmut Schmidt übernahm das Kommando und forderte unbefugter-, aber glücklicherweise Einsatzkräfte von NATO, Royal Air Force und Bundeswehr an und verhinderte damit weitaus Schlimmeres. Bei der Elbflut starben 315 Menschen, 6.000 Gebäude wurden zerstört und 20.000 Menschen verloren ihr Zuhause.

Vielleicht liegt es an den zahlreichen Katastrophen, den Zerstörungen und dem anschließenden flotten Wiederaufbau, dass die Stadt Hamburg nicht lange fackelt, wenn es um Abriss und Neubau geht. Bei den Häusern in der Hafenstraße lief es einmal anders: Anfang der 1980er-Jahre sollten die Häuser an der Hafenkante St. Paulis, die einem städtischen Wohnbauunternehmen gehörten, abgerissen und die Grundstücke an Investoren verkauft werden. Teils waren die Häuser noch regulär bewohnt, teils wurden sie besetzt. Wiederholte und immer rabiater werdende Polizeiaktionen verschärften den Widerstand seitens der Häuserbewohner. Wohnungen wurden geräumt, wieder besetzt, Großdemos fanden in ganz Hamburg statt, und dabei ging es schon längst nicht nur um die zwölf Häuser, sondern um den Umgang der Stadtregierung mit allem, was politisch weit links stand. Die Ausschreitungen auf beiden Seiten eskalierten, Barrikaden wurden um die Häuser gebaut, und erst, als die Stadt mit den Bewohnern Anfang der 1990er-Jahre Pachtverträge unterzeichnete, kehrte Ruhe ein. Heute gehören die Häuser einer selbstverwalteten Genossenschaft. Hätten die Bewohner nicht so beharrlich gekämpft, hätte St. Pauli das, was man so schön »Gentrifizierung« nennt, schon 20 Jahre früher ereilt.

09:00

Ottensen

Arne geht nicht ran, warum geht der nicht ran?« Gesa drückt die Wiederwahltaste und legt das Baby an die andere Brust an. Mareike nimmt einen Schluck von ihrem Chai Latte.

»Vielleicht ist er in einer Sitzung? Entspann dich, Stress ist nicht gut fürs Baby. Atme mal tief ins Sonnengeflecht. Jonathan, komm mal weg da!«

Jonathan steht am Zeitschriftenregal und leckt über alle Titelseiten, die er mit der Zunge erreichen kann.

»Jonathan, das ist giftig!«

»Diftig«, wiederholt Jonathan und watschelt zu seiner Mutter zurück. »Diftig is' bäh!«

Gesa winkt der Kellnerin. »Tschuldigung, könnte ich bitte braunen Zucker bekommen? Industriezucker ist nicht so gut beim Stillen.«

Die Kellnerin trägt eine schlumpfartige Strickmütze und ein Kleid über der Jeans. »Klar, bring ich dir.«

»Du hast recht, ich hab eben Angst, dass er mich ausgerechnet jetzt betrügt, wo Mia gerade auf der Welt ist.« Gesa fummelt an ihrem Batikschal. »Ich will da jetzt nicht mehr drüber reden. Du bist so 'ne Art Coach, oder? Ich hatte das auch mal überlegt. Oder Ernährungsberaterin, das könnte ich auch. Wenn man immer sieht, was die Leute für einen Mist essen. Hauptsache, den Chicken Wings sieht man nicht mehr an, was sie mal waren. Bei uns gibt's eigentlich kaum noch Fleisch, und wenn, dann Bio.«

»Geht mir genauso. Ich bin übrigens Trennungsmediatorin. Ich achte darauf, dass Trennungen fair und achtsam ablaufen, da sind ja auf beiden Seiten meistens große Verletzungen im Spiel.«

»Das klingt spannend.«

Am Nachbartisch sitzt ein junger Mann mit sehr großer Brille, knallgrünen Jogginghosen und einem weißen Laptop. Er streift seine Kopfhörer nach hinten und wendet sich an die junge Frau mit der Schlumpfmütze. »Wie ist noch mal euer WLAN-Passwort?«

»›Kyoto-Protokoll‹, mit Bindestrich und beide Wörter groß«, sagt sie und lächelt.

Er setzt die Kopfhörer wieder auf die Ohren und tippt weiter.

»Sorry, ich würde gern weiter mit dir *schnacken*, aber ich muss gleich los, ich hab um zehn einen Klienten«, sagt Mareike. »Und ich muss Jonathan vorher noch zur Kita bringen. Habt ihr Mia eigentlich schon für irgendwelche Babykurse angemeldet? Da muss man früh dran sein, die sind schnell ausgebucht. Wir sind mit Jonathan zweimal die Woche zum PEKiP gegangen. Das ist so ein Programm, da lernt er, sich auf andere einzulassen. Und jetzt machen wir Kinderyoga, seitdem schläft er auch viel besser durch.«

»PEKiP wollen wir auch unbedingt machen. Wir bleiben hier noch ein bisschen sitzen und versuchen, den Papa zu erreichen.« Gesa drückt die Wiederwahltaste ihres Handys und streicht Mareike mit der anderen Hand über den Oberarm.

Der junge Mann am Nachbartisch schaut auf die Uhr, klappt seinen Laptop zu, zahlt und geht.

Mareike steht vor einem Haus in der Fischers Allee, Altbau, weiße Stuckfassade, viele Fahrräder vor der Tür.

Im Treppenhaus kommt ihr eine Frau entgegen. Sie mag Anfang 30 sein, sieht verheult aus und reicht ihr die Hand. »Kommen Sie rein, ich muss mich beeilen, er müsste gleich hier sein.«

Im Flur stehen Kartons, ein künstlicher Orangengeruch liegt in der Luft.

»In die Kisten mit den roten Kleberchen braucht er auch gar nicht mehr reinschauen, die sind fertig gepackt, er soll sie einfach nur mitnehmen!«, sagt die Frau. Ihre Stimme macht einen kleinen Knicks. »Ich zeige Ihnen jetzt noch mal die Schränke, von denen er unbedingt die Finger lassen soll …«

Mareike fragt sich, wer hier wen verlassen hat.

»Das ist toll, dass Sie das anbieten. Schreiben Sie mir einfach auf, wie viele Stunden Sie gebraucht haben und schicken Sie mir dann die Rechnung.«

»In Ordnung«, sagt Mareike. »Gibt es sonst noch etwas, was ich beachten muss?«

»Seine alten Töpfe habe ich ihm in den Keller gestellt, die soll er sich selbst rausholen!« Die Frau strafft den Rücken und nimmt sich einen etwas zu roten Mantel von der Garderobe.

»Wenn es Schwierigkeiten geben sollte, rufen Sie mich sofort an. Und die Schlüssel soll er Ihnen geben, wenn er fertig ist«, sagt sie.

Mareike folgt ihr bis in die Küche, die Frau bleckt noch kurz ihre Zähne, für ein Lächeln reicht es nicht ganz. Mit dem roten Mantel in der weißen Küche sieht sie aus wie ein Blutfleck. Dann geht sie.

Zehn Minuten später klappert ein Schlüssel an der Tür. Schuhe werden ausgezogen, tapsige Sockenschritte kommen näher. Der junge Mann vom Nachbartisch stellt seine Laptoptasche auf den Boden im Flur. Im Morgenlicht schimmern seine Bartstoppeln silbrig, als wäre er auf dem Weg vom Café hierher um Jahre gealtert.

»Ich hab mir vorhin schon überlegt, ob Sie das vielleicht sind. Von wegen Trennungsmediatorin, das habe ich mitgehört. Na ja, das ist alles so irrsinnig, das glaubt einem sowieso keiner. Die Kisten mit den roten Aufklebern sind meine?«

Mareike nickt. »Sie hat alles gepackt, Sie können ruhig noch mal reinschauen.«

»Das hat sie bestimmt gründlich gemacht.« Er schlurft auf Socken ins Schlafzimmer, Mareike mit gebührendem Abstand hinterher.

Er setzt sich auf den äußersten Rand der Bettkante. Auf dem Bett liegt trotzig nur eine Garnitur. Der junge Mann krallt seine Finger in das Kopfkissen und weint. Erst tonlos, dann bricht sich sein Schluchzen Bahn. Mareike setzt sich neben ihn. Sein Rücken wird ganz rund, er presst seine nasse Nase an ihre Schulter. Ob sie das extra berechnen soll? Sie sitzen eine Weile wortlos auf der Bettkante, er schluchzt, sie starrt auf seinen Kopf und zählt die grauen Haare. Dann regt er sich langsam, richtet sich auf, ohne sie anzusehen. »Sollen wir noch mal in den Keller?«

»Ich glaube, da sind noch Ihre Töpfe.«

Im Keller bleibt sie vor dem Holzlattenverschlag stehen. Er kramt drei orangefarbene geblümte Töpfe heraus. Mareikes Mutter ließ früher in solchen immer weißes Fleisch mit Sauerkraut verkochen. Solche Töpfe haben nur Mütter. Er nimmt sie mit nach oben, sonst nichts, und stellt sie auf dem Küchentisch ab. »Darf ich den Messerblock mitnehmen?«

Über den Messerblock hat ihre Klientin nichts gesagt, und Mareike ist sich nicht sicher, bei wem die Messer gerade besser aufgehoben sind. Sie schickt ihr eine SMS, besser nicht telefonieren, während er neben ihr steht. Ein paar Sekunden später gibt ihre Klientin die Messer frei, besteht aber darauf, dafür die Pfeffermühle zu behalten.

»Wollen Sie vielleicht die Töpfe haben?«, fragt er.

Beim Gehen klappern die neuen Töpfe in Mareikes Leinenbeutel. Im Café Knuth sitzt Gesa derweil vor ihrem vierten Chai Latte und drückt die Wahlwiederholungstaste ihres Handys.

Bonsche, Bio und der Altonaer Balkon – zwischen Altona-Altstadt und Ottensen

Altona war einmal wie St. Pauli – rau, kiezig, abgeranzt und mit einem hohen Migrantenanteil. Inzwischen ist es zweigeteilt, und zwar in die neobürgerliche und in die Altona-Old-School-Fraktion. Erstere treibt sich vor allem in Ottensen herum, einem kleinen Teil des recht großen Bezirks Altona, den aber inzwischen die meisten meinen, wenn sie »Altona« sagen. Wo früher noch das alte Bismarckbad stand, ist heute ein riesiger Biosupermarkt. In vielen Kneipen wird jetzt eher gestillt als gekifft. Und das Neubaugelände mit dem klangvollen Namen Westend Ottensen ist der feuchte Traum eines jeden Immobilieninvestors. Doch zumindest hat keine Monokultur die Überhand gewonnen. Altona ist immer noch bunt und wild und übervoll mit netten Bars, verschrobenen Läden und einer Menge Menschen, die eine verwinkelte Lebensgeschichte mit dem Viertel verbindet. Am besten, man treibt sich hier einmal einen Tag lang herum, denn meine kleine Favoritenliste ist weit entfernt von Vollständigkeit.

Die **Fabrik** in der Barnerstraße ist ein Kind der 1970er-Jahre. Zwei Privatleute kauften das knapp 150 Jahre alte Maschinenfabrikgebäude, um im alten Arbeiterstadtteil Ottensen ein Kulturzentrum einzurichten. Das Veranstaltungsprogramm reicht von prächtigen Konzerten über Theatervorstellungen und Lesungen bis hin zum regelmäßigen Flohmarkt. Hier standen schon Stars wie Miles Davis, Nina Simone, Herbie Hancock und Calexico auf der Bühne.

Barnerstraße 36, Ottensen

www.fabrik.de

Einen guten Überblick darüber, wer sich so alles in Ottensen herumtreibt, bekommt man im **Café Knuth**, das direkt hinter dem Einkaufszentrum Mercado liegt: Ein bunter Strauß aus Muttis, Künstlern und Studenten trinkt hier ganz unaufgeregt Caffè Latte. Prächtiges Frühstücksangebot!

Große Rainstraße 21, Ottensen

Tel. 040/46008708

www.cafeknuth.com

Das beste Eis in Hamburg gibt's bei **Eisliebe**, natürlich hausgemacht. Und leider kein Geheimtipp, die Schlangen sind so lang wie dereinst in Riesa, als es mal Bananen gab. Geduld mitbringen – es lohnt sich! Je nach wechselndem Angebot gibt es manchmal fantastisch-verwegene Sorten wie Mohn oder Zitrone mit Holunder. Winterpause beachten!

Bei der Reitbahn 2, Ottensen

In der ehemaligen Schiffsschraubenfabrik von Theodor Zeise (gebaut 1869) wurde 1993 das schönste Kino Hamburgs eröffnet: das **Zeise Kino**. Doch außer Filmen gibt es hier noch viel mehr: Regelmäßig finden hier Themennächte, Ausstellungen und der legendäre Poetry Slam *Kampf der Künste* statt.

Friedensallee 7–9, Ottensen
Kartenreservierung: Tel. 040/3908770
www.zeise.de

Auf dem gleichen Gelände finden sich übrigens neben der Filmförderung Hamburg Schleswig-Holstein, auch die KurzFilmAgentur Hamburg und das Institut für Theater, Musiktheater und Film der Uni Hamburg, dazu die wunderbare Buchhandlung **Nautilus**, die **Filmhauskneipe** und das Restaurant **Eisenstein**, das den Ruf genießt, die beste Pizza in Hamburg zu servieren. Vor allem im Sommer ist es auf dem alten Fabrikgelände ganz zauberhaft!

Wie das riecht! Und wie schön bunt das alles ist! Allein ein Besuch im **Bonscheladen** macht gute Laune. *Bonsche* ist das Hamburger Wort für »Bonbon« oder auch für eine

kleine Belohnung. In großen Gläsern wie im Tante-Emma-Laden werden hier *Bonsche* mit Ankermotiv, mit Granatapfel-, Limetten- und Pflaume-Pfeffer-Geschmack und unzählige weitere Sorten feilgeboten. Interessierte Kunden können täglich um 16:15 Uhr bei der Bonbonherstellung zuschauen (bei größeren Gruppen ist eine telefonische Anmeldung empfohlen). Perfekt für einen Mitbringseleinkauf!
Friedensallee 12, Ottensen
www.bonscheladen.de

Meine Lieblingspizzeria: das **Mamma Mia**. Alles sieht beruhigend unhip aus, die Kellner sind echte Italiener und die rustikale Einrichtung stammt wohl noch aus der Zeit der Eröffnung in den 1980er-Jahren. Die frische Pasta ist zum Niederknien, vor allem die mit Pistaziensoße, wenn sie mal wieder auf der Karte sein sollte. Und selbst Samstagabend und ohne Reservierung tut das entzückende Personal sein Möglichstes, um einen noch irgendwie unterzubringen.
Barnerstraße 42, Ottensen
Tel. 040/3900386

Das **Familien-Eck** ist eine prima Kneipe. Punkt. Entspannte Menschen, unschnöseliger Laden, man wird nie sagen können, wie die Einrichtung aussieht, weil es immer voll ist. Ein Stückchen Heimat und Biografie für viele Ottenser. Und geraucht werden darf auch.
Friedensallee 2, Ottensen

Der **Altonaer Balkon** ist der Garten der Gartenlosen. Wenn die Sonne scheint, wird hier gegrillt, geknutscht und genossen. Man trifft sich auf dem weitläufigen Gelände mit oder ohne Hund und ist entspannt. Feierabendartisten jonglieren zwischen Stillmuttis und ein paar Abgeordnete der Linkspartei spielen Boule. Noch nie habe ich hier Keifereien erlebt, die Atmosphäre ist, wie 14-Jährige zu sagen pflegen, »gechillt«. Vom Kiez und von Ottensen gleich weit entfernt, landen fast alle nach einem Spaziergang hier, blicken auf die vorbeifahrenden Containerschiffe und freuen sich, dass Hamburg so schön sein kann.

S-Bahnhof Altona, Ausgang Altonaer Rathaus;
dann die Museumstraße in Richtung Elbe

Kunos Schank- und Speisewirtschaft **Zum Elbblick** liegt fernab von allem, aber streng genommen auf Altonaer Hoheitsgebiet. Kuno ist ein alter *Brummelkopp* – er, seine Gäste und das gesamte Interieur sehen so aus, als müsste man dringend mal feucht drüberwischen. Genau genommen ist Kuno gar nicht mehr der Betreiber, aber er sitzt wie eh und je im Lokal, als hätte sich nichts geändert. Hier gibt es die besten Bratkartoffeln und die beste Maischolle der Welt. Kuno, der manchmal auch selbstgereimte Lieder zu Gehör bringt, ist meine ranzige Insel in einem Meer voller Glasfassaden und Latte macchiatos. Eine Zeitreise, die sich nicht nur kulinarisch lohnt!

Olbersweg 49, Altona-Altstadt
Tel. 040/3 80 62 98

10:00

Innenstadt

Das Haus am Rödingsmarkt ist herrschaftlich. Ein riesiges Entree mit alten blau-weißen Fliesen an den Wänden und einer knarzenden Treppe aus dunklem Holz mit geschnitzten Handläufen. Arne hat die Wohnung in Ottensen heute schon früh verlassen und ist um die Alster spaziert. Hat am Ufer gesessen und sich die Schwanenfamilien angeschaut. Endlich mal Ruhe, kein Babygeschrei, keine Streitereien. Schwäne haben's da viel einfacher.

Seit das Kind da ist, ist Gesa so gluckig geworden, und ständig gereizt ist sie auch.

Arne schaut auf die Uhr. Normalerweise hätte sie ihn schon zig Mal angerufen, er ist ganz froh darüber, dass das Handy heute noch gar nicht geklingelt hat. Und mit dem Kind wird er auch nicht so recht warm. Darf man das sagen?

Alle Freunde sind inzwischen auch Väter und schieben stolz ihre Kinderwagen vor sich her. Sitzen mit dreckbeschmierten Gesichtern und vollgekotzten Hemden auf dem Spielplatz und lassen sich mit Sandkuchen füttern. Und am Montag stehen sie wieder im Anzug bereit und lassen sich von Jungkarrieristen befehligen.

Arne hat lange gegrübelt, sich aus dem Telefonbuch ein paar renommierte Adressen herausgesucht, und heute ist sein erster Termin.

Ein Psychiater sollte es schon sein, ein knallharter Mediziner für sein knallhartes Männerproblem. Bloß keine verständnisvolle Psychologin für rehäugige Studentinnen mit Prüfungsangst und einer Affinität zu Friedhöfen – nein, einer für die harten Fälle, für die mit bluttriefenden Handgelenken oder die, die nur mit Gummistiefeln können – nur so einer, da ist er sich sicher, kann ihm helfen.

Das Wartezimmer ist größer als Arnes Wohnung und bevölkert von älteren Damen, die mit der Sprechstundenhilfe über die Dosierung von Antidepressiva verhandeln. Neben Arne sitzt ein älterer Herr in einem viel zu engen T-Shirt mit dem Aufdruck »Urban Future« und wackelt rhythmisch mit dem Kopf.

Der Psychiater trägt einen derart hautfarbenen Pullover, dass Arne im ersten Moment annimmt, er wäre nackt, er schwäbelt, hat einen dicken roten Kopf und trinkt Tee aus einer blumentopfgroßen Tasse. Er schiebt Arne einen nicht besonders stabil wirkenden Stuhl zu und fragt als erstes nach seinem Beruf.

»Ich arbeite in der Senatskanzlei, schreibe Reden und …«

Der Psychiater fällt ihm ins Wort: »Dann sind Sie ja so was wie ein Künstler! Dafür braucht es schon einiges an Talent, das bewundere ich sehr! Wissen Sie, ich wäre auch beinahe Künstler geworden, ich habe als Kind Orgel und Geige gespielt und war, das kann ich schon zugeben, sehr begabt, aber mein Vater …«

»Apropos Vater, das ist ja der Grund, warum ich hier bin, ich bin mit meiner Vaterrolle einfach nicht so glücklich, wie ich sein müsste, und ...«

»Glück? Sie wollen glücklich werden? Tja, wann war ich eigentlich zu letzten Mal glücklich?«

Der Psychiater schaut versonnen aus dem Fenster.

Arne begreift, dass hier niemand seine Probleme lösen wird, er dafür aber eine exklusive Galavorstellung bekommt. Der Psychiater salbadert weiter, von seiner Kindheit in Sigmaringen, vom Sex mit einer Analytikerin, die nur betrunken konnte: »Richtig pervers war das!«

Arne versucht, den Gedanken an den nackten Psychiater beim betrunkenen Geschlechtsverkehr zu vertreiben. Draußen fährt die U3 vorbei, für ein paar Momente blicken Gesichter zum Fenster herein. Als der Psychiater ihm zum Schluss noch versichert, dass er sich gar keine Sorgen machen brauche, dass Männer »wie wir« schon Kriege geführt und überstanden hätten und dass auf Regen ja immer Sonnenschein folge, verlässt Arne die Praxis mit dem beruhigenden Gefühl, dass nicht er es ist, der die Meise hat.

Er schlendert zurück zum Rathausmarkt. Die Sonne scheint blass durch die dichten Wolken. Eine Gruppe Touristen mit prallen Rucksäcken hantiert mit der Patentfaltung ihres Stadtplans. Vor den Alsterarkaden sitzt ein alter Mann und prügelt schiefe Töne aus seinem Akkordeon. Heute ist glücklicherweise nicht viel zu tun in der Senatskanzlei. Eine Traube Männer in schwarzen Anzügen kommen ihm aus dem Rathaus entgegen, wahrscheinlich aus einer Sitzung, die gerade zu Ende ist.

Als sich die Aufzugtür öffnet, steht Gesa da. Das Kind im Tragetuch, die Miene eine einzige Anklage.

»Warum gehst du denn nicht ans Telefon? Und im Büro warst du auch nicht! Gibt's irgendwas, was ich wissen müsste?«

»Du hast mich nicht angerufen, das hätte ich doch gehört …«

Arne kramt in seinen Taschen. Hosentaschen, Jackett-taschen, Innentaschen – kein Handy.

»Ich glaube, ich hab's irgendwo liegenlassen …«

»Wie heißt sie? Ist es die, die ich eben grade am Kopierer gesehen habe, die so billig aussieht?«

Ein junger Mann mit Gelfrisur tritt schneidig auf Arne zu.

»Ich bräuchte Sie gleich mal, haben Sie eine Minute für mich?«

»Bin gleich bei Ihnen!«

»Ich schwöre dir, da gibt's niemanden. Können wir das heute Abend zu Hause besprechen?«

Das Kind dreht seinen Kopf zu Arne und schaut ihn aufmerksam an. Die gleichen Augen, denkt er, wir haben die gleichen Augen. Und den gleichen kritischen Blick, wenn wir für irgendwas herhalten müssen. Arne muss lächeln. Zumindest ein bisschen.

Hassan und Chris stehen vor dem Schaufenster von Bulgari am Neuen Wall.

»Digger, ich hol mir das Ding, ich schwör!« Er zeigt auf eine Kette mit dicken goldenen Gliedern. »Das Ding geht ab, Alder!«

»Das kostet 4.000 Euro, Digger, bist du bescheuert?«

Ein tadellos gekleideter Mann mit sehr breiten Schultern tritt einen Schritt aus dem Laden heraus. An seinem fleischigen Nacken kringelt sich ein transparentes Kabel entlang, bis zu einem kleinen Knopf in seinem Ohr. Er mustert die beiden Jungs mit abschätzigem Blick.

»Ey, was geht?« Hasan schaut den Mann herausfordernd an. »Glaubst du, wir klauen was? Weil wir Ausländer sind, ne?«

»Ich hab euch im Auge«, sagt der Mann und rückt sein Kabel zurecht.

»Voll der Rassist, Alder, denkt, alle Türken klauen!«

Ein uniformierter Mann mit Schirmmütze fährt auf einem Segway vor.

»Gibt's Probleme? Sollen wir bei Ihnen verstärkt vorbeischauen?«

»Alder, krass, die haben hier sogar 'ne eigene Bullenarmee!«

Schräg gegenüber bei Hermès sitzt Erna in einem der Sessel. Sie war heute früh schon beim Friseur, hat den schwarzen Mantel aus der Reinigung geholt und jetzt noch ein bisschen Zeit.

Um elf muss sie auf dem Friedhof sein. Heute leistet sie sich mal ein Taxi. Heute ist sowieso alles anders. Willy hat immer gesagt, wenn man sein Geld nicht zusammenhält, dann geht's bergab. 42 Jahre hat er das gepredigt und sie jedes Mal mürrisch angeschaut, wenn sie sich ein Paar neue Schuhe gekauft hat, nur von Deichmann, aber trotzdem.

Letzte Woche ist er gestorben, im Pflegeheim. Erna hat ihn jeden Tag besucht. In den letzten Wochen hat er sie gar nicht mehr erkannt.

So ein Tuch wollte sie schon immer haben, ein Tuch oder irgendwas anderes, Hauptsache von Hermès. Aber was das alles kostet! Die Beerdigung wird schon so teuer, eigentlich geht das alles gar nicht, aber irgendwas von Hermès, das wäre schön, gerade an einem Tag wie heute.

Erna greift nach ihrem Portemonnaie. Sie zählt 56 Euro und 68 Cent. 25 Euro wird sie für das Taxi brauchen. Die Verkäuferin wirft ihr einen mitfühlenden Blick zu und stellt ein Glas Wasser auf das Beistelltischchen. »Kann ich Ihnen behilflich sein?«

»Wissen Sie, ich wollte schon immer etwas von Hermès haben. Das ist mir jetzt ein bisschen unangenehm, aber … es dürfte nur 30 Euro kosten. Haben Sie was für 30 Euro?«

Die Verkäuferin tippt sich mit dem Finger aufs gepuderte Kinn und denkt nach. »30 Euro, das ist eine Herausforderung. Ich weiß nicht, ob das das Richtige für Sie ist, wir haben hier ein wunderbares Sattelfett mit Hermès-Prägung auf der Dose, das sieht sehr schön aus. Und es ist ein wirklich hochwertiges … Fett.« Sie holt ein rotes Döschen unter dem Kassentresen hervor und hält es Erna hin.

Erna streicht über die Prägung auf dem Deckel. »HERMÈS PARIS« steht da, es sieht nobel aus. »Das nehme ich. Können Sie's mir als Geschenk einpacken?«

Zehn Minuten später sitzt Erna im Taxi, eine alte Frau ganz in Schwarz, nur die Hermès-Tüte glänzt orangefarben auf ihrem Schoß.

Politik, Oper und der ganz große Einkauf – Hamburg rund um die Binnenalster

Die Innenstadt ist wohl das, was sich ein Auswärtiger neben dem Hafen unter Hamburg vorstellt: Das prächtige Rathaus, der Jungfernstieg und die Straßen um den Neuen Wall, die voll sind mit gut betuchten blonden Hanseatinnen, die mal eben 5.000 Euro für ein paar Ohrringe bei Cartier lassen. Die Shoppingmeilen für Hans und Helga Normalverdiener sind die Mönckeberg- und die Spitalerstraße, aber für Karstadt, Saturn und H&M muss man ja wahrlich nicht nach Hamburg reisen.

Am Neuen Wall hingegen kauft man nicht einfach ein paar Schuhe, sondern Sehnsüchte. Oder Status. DIE Nobelmeile in Hamburg gehört neben den Champs-Élysées und der Düsseldorfer Kö zu den zehn wichtigsten europäischen Shoppingparadiesen für das ganz große Portemonnaie – von Gucci, über Louis Vuitton, Cartier und Montblanc bis hin zu Bang&Olufsen sind hier die bekanntesten Luxusmarken vertreten.

Man kann das alles großartig oder ekelhaft finden – um einen wichtigen Teil Hamburgs zu begreifen, sollte man sich hier aber unbedingt einmal herumgetrieben haben.

Der Neue Wall ist übrigens ein sogenannter *Business Improvement District*, das heißt, Grundeigentümer und Geschäftsleute ergreifen Maßnahmen für Sauberkeit und Sicherheit, lassen beispielsweise auf eigene Kosten Graffiti entfernen, fahren private Sicherheitsdienste auf und sorgen für Ordnung. Deshalb ist alles so schön sauber hier. Und pennerfrei. Wie bei Barbie und Ken.

Die Hamburger Innenstadt teilt ihr Hauptproblem mit vielen deutschen Innenstädten: Hier wohnt kaum einer. Tagsüber ist vor lauter Menschen und Tüten kaum ein Durchkommen, aber nach 20 Uhr trifft man auf den Straßen etwa so viele Menschen wie in Belfast während der Ausgangssperre. Außer natürlich, man geht ins Theater, in die Oper oder ins Kino.

Das Rathaus wurde 1897 eingeweiht, nachdem das alte Rathaus beim Großen Brand 1842 gesprengt werden musste, um eine Schneise für die Brandbekämpfung zu schlagen. Übrigens typisch hanseatisch, fürs Allgemeinwohl selbst Opfer größeren Stils in Kauf zu nehmen – so etwas findet sich häufiger in der Hamburger Stadtgeschichte. Der Bankier Salomon Heine, Onkel des Dichters Heinrich Heine, stiftete große Teile seines Privatvermögens zum Wiederaufbau der Stadt und bot jedem in Not geratenen Kaufmann an, ihm mit bis zu 15.000 Mark wieder auf die Beine zu helfen.

Dieser große Stolz auf die Eigenständigkeit und aufs Hanseatentum spiegelt sich auch in der prächtigen bis protzigen Architektur des Rathauses wider. Hier hat der Erste Bürgermeister seinen Sitz, hier tagen Senat und Bürgerschaft (das Hamburger Stadtparlament) und in den Festsälen finden die großen Empfänge statt.

Die knapp 50-jährige sozialdemokratische Regentschaft in der Zeit nach dem Zweiten Weltkrieg wurde 2001 unter anderem durch einen Herrn namens Ronald Barnabas Schill rüde unterbrochen. Der fällte als »Richter Gnadenlos« extrem harte und umstrittene Urteile und wurde im Kielwasser von Ole von Beust 2001 Hamburger Innensenator.

In seiner Amtszeit ließ er einen Bauwagenplatz räumen, schaffte neue Uniformen und eine Staffel Dienst-Harleys für die Hamburger Polizei an und flog 2003 als »charakterlich nicht geeignet« hochkant aus seinem Amt: Ole von Beust warf ihm vor, ihn damit erpresst haben zu wollen, dass von Beust seinen vermeintlichen Lebenspartner zum Justizsenator gemacht habe. Mehr über Ronald Schill kann man übrigens erfahren, wenn man bei YouTube die Suchbegriffe »Schill« und »Koks« eingibt – heute lebt der ehemalige Innensenator in der Karnevalhochburg Rio.

Karneval wird inzwischen auch in Hamburg gefeiert, wenn auch nach Kölner Art – dafür aber mitten im Rathaus! Der Betreiber des Restaurants Parlament – im Rathausterritorium gelegen und sehr lauschig! – vermisste in Hamburg den Karneval seiner rheinischen Heimat und hat ihn seit einigen Jahren erfolgreich im Hamburger Regierungssitz etabliert.

Es lohnt sich übrigens durchaus, eine **Rathausführung** zu besuchen. (Da bisweilen wegen Veranstaltungen oder Staatsbesuchen keine Führung möglich ist, macht es Sinn, vor einem geplanten Besuch die aktuell gesperrten Termine abzufragen.)

Rathausmarkt 1, Altstadt
Info-Ansageband: Tel. 040/42831 2470

Direkt neben dem Rathaus liegt das **Bucerius Kunst Forum**. In den fast schon intimen Räumen finden regelmäßig die schönsten Kunstausstellungen Hamburgs statt, meist begleitet von Vorträgen, Lesungen und Musik.

Rathausmarkt 2, Altstadt
www.buceriuskunstforum.de

Eines der zauberhaftesten Kinos in Hamburg ist das **Streits** am Jungfernstieg. Das Programm bietet Leckerbissen für Freunde fremdsprachiger Originalfassungen, und nachmittags einfach vom Straßentrubel in die elegante Stille eines Kinosaals abzutauchen, das ist so erholsam wie ein kleiner Urlaub.

Jungfernstieg 38, Neustadt
Kartenreservierung: Tel. 040/34 60 51
www.cinestar.de/de/kino/hamburg-streits-filmtheater

Die Innenstadt ist voller Restaurants, hungern muss man hier ganz sicher nicht. Und meistens sieht man schon zehn, bevor man überhaupt eins braucht. Eines ist mir allerdings sehr an Herz gewachsen, das zwar öffentlich zugänglich, aber gar kein wirkliches Restaurant ist: Die **Kantine der Behörde für Stadtentwicklung und Umwelt** ist eine handfeste Sättigungsanstalt für kleines Geld, weit oben im Gebäude gelegen, und – jetzt kommt's! – mit einem Paternoster erreichbar. Selbst wenn man gar nichts essen mag – eine Runde im Paternoster zu fahren, ist ein großer Spaß. Und auch wenn man schon immer mal Hamburger Behördenmitarbeiter bei ihren Tischgesprächen belauschen wollte, kann man hier sehr glücklich werden. Am besten zur Mittagszeit kommen, die Küche schließt gegen 14 Uhr.

Stadthausbrücke 8, Neustadt

Apropos Essen: Wer sich beim Bummeln eine kleine Dekadenz *to go* gönnen will, dem sei die Filiale von **Godiva Chocolatier** in den Alsterarkaden empfohlen. Die Schokoladenauswahl ist fantastisch und die Mitarbeiter sind so erlesen höflich, dass es eine wahre Freude ist, selbst wenn

man nach großem Hin und Her doch nur drei Pralinchen kauft – und DIE sind ihr Geld unbedingt wert!
Alsterarkaden 12, Neustadt

Wem hingegen dringend der Sinn nach einem Satz Zombieklauen, Kunstblut, Juckpulver oder der Landesflagge von Burkina Faso steht, der findet die größte Auswahl an Fahnen, Scherz- und Verkleidungsartikeln bei **FahnenFleck**. Und selbst, wenn man nichts braucht – irgendetwas Abwegiges findet man hier garantiert! Ich bin ein großer Freund der Orden und Ehrennadeln, die man hier entweder direkt erwerben oder ganz persönlich anfertigen lassen kann.
Neuer Wall 57, Neustadt
www.fahnenfleck.de

Eines der schönsten Geschäfte Hamburgs ist die **Buchhandlung Felix Jud**. Hier lässt man den plumpen Konsum vor der Tür und betritt das Reich der feinsinnigen Erwerbungen. Seit 1923 werden in den ehrwürdigen Räumen neue Bücher und antiquarische Ausgaben verkauft. Die Beratung ist so formvollendet wie der Service in einem Fünf-Sterne-Hotel, und in den prunkvollen Räumlichkeiten erkennt man wieder einmal, dass ein Buch doch deutlich glücklicher machen kann als eine Handtasche. Während der Nazizeit, als alle Buchhandlungen zum Führergeburtstag gezwungen waren, ein Bild Hitlers im Schaufenster auszustellen, präsentierte der Gründer Felix Jud übrigens stattdessen die Südsee-Reisebücher von Richard Katz mit dem Titel *Heitere Tage mit braunen Menschen*.
Neuer Wall 13, Neustadt
www.felix-jud.de

Das **Thalia Theater** konkurriert mit dem Schauspielhaus seit jeher um die Pole-Position unter den städtischen Theatern. Selbst wenn eine Inszenierung dort missrät, so ist es immer ein Scheitern auf allerhöchstem Niveau.

Das Ensemble ist grandios, die Stückauswahl changiert ausgewogen zwischen Klassikern und Zeitgenössischem und in der Altonaer Filialspielstätte (Thalia in der Gaußstraße) wird Experimentelles, Junges und Interkulturelles geboten.

1843 wurde das erste Thalia Theater eröffnet. Der jetzige Bau steht seit 1912 an direkt gegenüberliegender Stelle, wurde im Zweiten Weltkrieg zerstört und 1960 wiedereröffnet: ein klassizistisches Theaterhaus mit 1.300 Plätzen, in dem so große Namen wie Boy Gobert, Peter Zadek, Hans Neuenfels, Jürgen Flimm und Luk Perceval inszeniert haben. Seit 2009 steht das Thalia unter der Leitung von Joachim Lux. Ganz klar: Hingehen! Es lohnt sich immer.

Das zum Haus gehörige Restaurant Weltbühne hat den kultivierten Charme eines Wiener Kaffeehauses, ohne etepetete zu sein – sehr angenehm. Und das Essen ist auch gut.

Alstertor 1, Altstadt
Kartenreservierung: Tel. 0 40/32 81 44 44
www.thalia-theater.de

Restaurant Weltbühne
Gerhart-Hauptmann-Platz 70, Altstadt
Tel. 0 40/30 39 32 50
www.weltbühne.net

Wer Opern schätzt, wird die **Hamburgische Staatsoper** lieben. Hier wird opulent aufgefahren, Tschaikowsky, Puccini und Wagner, stundenlang, bis jede Synapse vibriert! Und John Neumeiers Ballettensemble ist heute schon legendär. Selbst wenn man damit bislang noch nichts anzufangen wusste – in der Staatsoper habe ich schon Freunde zur Klassik bekehrt, deren Herzen bisher eher für den deutschen Schlager brannten. 1678 eröffnet war sie das erste öffentliche Opernhaus Deutschlands. Vorher war diese Form des Musikgenusses lediglich adeligen Kreisen hinter verschlossenen Türen vorbehalten. In der Staatsoper (die damals noch Deutsches Nationaltheater hieß) wurden Werke von Telemann und Händel uraufgeführt, Lessing war hier Dramaturg. 1955 wurde das im Krieg schwer beschädigte Gebäude neu aufgebaut und gehört unbestritten zu den führenden Opernhäusern der Welt. Seit 2005 ist die Wagner-Fachfrau Simone Young hier Intendantin, was einen regelmäßig in den Genuss bahnbrechender Inszenierungen bringt. *Kinners*, heute mal kein Musical, geht lieber in die Oper!

Dammtorstraße 28, Neustadt

Kartenvorkauf: Tel. 0 40/35 68 68 (Große Theaterstraße 25)

Wer sich schon immer einmal wie ein Dandy im englischen Stil kleiden wollte, dem sei der wunderbar verschrobene Second-Hand-Laden von **Rudolf Beaufays** empfohlen. Oscar Wilde würde hier einkaufen. Oder morphinistische Salondamen der 1920er-Jahre. Der Laden ist eine Zeitreise durch die Modegeschichte, ein bisschen Theaterfundus, ein bisschen Herrensalon, aber immer weit entfernt von der muffigen Grabbelkistenartigkeit, die Second-Hand-Shops normalerweise ausstrahlen. Erwarten Sie allerdings keine Schnäppchenpreise! Und Feilschen ist auch nicht drin, sonst wird der Maestro grantig. Dafür gibt's hier Qualitätsware, meist noch handgefertigt, die man nirgendwo anders mehr bekommt.

Büschstraße 9, Neustadt

www.rudolf-beaufays.de

Helmut Schmidt

Zugegeben – ich mag ihn ja. Obwohl dieser hemmungslose Konsens meine Zuneigung etwas trübt – man mag eben nicht so gerne mögen, was alle mögen, das ist so, wie sonntags *Tatort* zu gucken.

Helmut Schmidt und ich teilen uns den Geburtstag und die Vorliebe für das eine oder andere Zigarettchen. Von ihm stammt auch der wunderbare Ausspruch, der seit Jahren meinen Schreibtisch ziert: »Willen braucht man. Und Zigaretten.« Und ich kann darauf vertrauen, dass er nie, niemals nie die Nichtrauchergesetze noch weiter verschärfen würde. Irgendwann möchte ich auch einmal vor einer vierstündigen Wagner-Aufführung in der Oper ungefragt den Aschenbecher gereicht bekommen und Lohengrin in einer staatstragenden Qualmwolke willkommen heißen. Helmut Schmidt ist mein argumentativer Baseballschläger im Straßenkampf mit den Nichtrauchern. Ich plädiere dafür, schnellstmöglich das Hamburger Wappen zu ändern: Statt des öden Stadttors Helmut Schmidt mit Haartolle und in den Ecken jeweils drei stilisierte Qualmwölkchen.

Mein Opa, seines Zeichens eingefleischter CDU-Wähler und Mitglied in mehreren Vertriebenenverbänden, sagte immer über Helmut Schmidt: »Guter Mann, aber leider in der falschen Partei.« Denn was Helmut Schmidt sagt, ist wie in Stein gemeißelt und wird so gemacht. Punkt. Spricht sich Helmut Schmidt für die Elbphilharmonie als neues Wahrzeichen aus, dann wagt kaum eine öffentliche Stimme mehr, sie abzulehnen. Und wenn er belfert: »Das ist doch alles *Unfuch*!«, dann kann man kaum dagegen argumentieren. Denn Helmut Schmidt darf das. Helmut Schmidt darf fast alles. Seit er 1962 bei der großen Elbflut mit seinem Kommando das Schlimmste verhindert hat, ist er DER Hamburger schlechthin.

1918 wurde er im Stadtteil Barmbek geboren und bekleidete im Laufe seines Lebens eine Menge Ämter: Zuerst war er Hamburger Innensenator, später Vorsitzender der SPD-Bundestagsfraktion, 1969 bis 1972 Verteidigungsminister und von 1972 bis 1974 Finanzminister. Als Bundeskanzler regierte er von 1974 bis 1982, dabei leitete er auch für kurze Zeit das Außenministerium.

Meine Kindheitsabende bestanden jahrelang aus Helmut Schmidt. Meine Eltern wählten Helmut Schmidt, jeden Abend des Jahres 1977, als die damalige Bundesregierung den Kampf gegen die RAF mit allen Mitteln führte, saß Helmut Schmidt mit ernster Miene und Elblotsen-Mütze in unserem Wohnzimmer und beschwor den Ernst der Lage. Und watschte den umstrittenen bayerischen Ministerpräsidenten Franz Josef Strauß mit der Schärfe und Klarheit von Industriereiniger ab. Und paradierte mit Loki und wechselnden Staatsgästen durch seinen Garten, der so aussah wie unser Garten oder der Garten der Nachbarn oder überhaupt die Gärten solcher Leute, die weder reich noch berühmt noch adelig sind. Büsche, ein bisschen Rasen, zwar gepflegt, aber nichts Besonderes. So wie Langenhorn. Dort lebt Helmut Schmidt, wie überall nachzulesen ist.

Ich flaniere mit meinem Hund am Schmidt'schen Anwesen entlang, vor das vermutlich der Staatsschutz einen dezenten Bungalow gestellt hat, im gleichen bürgerlich unauffälligen Rotklinkerstil wie die Nachbarhäuser. Die Adresse habe ich von einem Langenhorner bekommen, das war sehr einfach. Verraten werde ich sie natürlich trotzdem nicht. Natürlich war hier blanker Voyeurismus mein Motiv. Wie wohnt denn der bedeutendste lebende Hamburger? Ziert die Haustür ein massiver Messingklopfer mit Löwenkopf? Oder steht eine Terrakottaentenarmee auf dem Küchenfensterbrett?

Nichts ist weiter entfernt von mondän als Langenhorn. Hier steht kein dickes Auto vor der Tür, und auch sonst gibt es keinen Hinweis auf Wichtigkeit. Die beste Tarnung überhaupt. Nur die Kameras auf dem Bungalowdach verraten, dass da jemand wohnt, der vor seinem Haus herumvagabundierende Gestalten gerne im Blick und unter Kontrolle hat. Ein Fenster mit geschlossenen Jalousien schaut zur Straße hin. Dahinter hocken vermutlich ernsthafte Herren, die die übertragenen Kamerabilder von mir nebst Hund mit Bildern in ihren riesigen Karteien von potenziellen Schläfern, Randalierern und Radikalen abgleichen.

Was würde wohl passieren, wenn ich beim nächsten Mal mit einer Axt vor dem Haus herumliefe? Oder einer Kettensäge? Oder einer Giraffe? Ich lasse den alten

Herrn und seine Bewacher in Ruhe und gehe unauffällig weiter. Mit Helmut Schmidt möchte man schließlich auch keinen Ärger haben.

1993 haben die Schmidts übrigens die Helmut und Loki Schmidt Stiftung gegründet, die sich unter anderem für die Völkerverständigung und für den Naturschutz einsetzt – und damit auch der 2010 verstorbenen Loki Schmidt gedenkt, die sich sogar noch mehr als Botanikerin denn als Kanzlergattin einen Namen gemacht hat. Dieser Stiftung haben sie auch ihr Wohnhaus mitsamt Garten und Inventar vermacht – irgendwann also wird die Casa Schmidt ganz regulär zu besichtigen sein.

11:00

Friedhof Ohlsdorf

Vor Kapelle 7 steht ein Häuflein schwarz gekleideter Menschen. Drinnen sitzen drei ältere Damen mit leicht angejahrten Hüten, es riecht nach Mottenkugeln und Raumspray Note Fichtennadel.

Ein junger Mann mit Pferdeschwanz und zufriedenem Gesichtsausdruck rammt ein paar Meter weiter pfeifend Holzstäbe in die feuchte Erde, bis er ein sarggroßes Rechteck abgesteckt hat. Dann besteigt er seinen kleinen gelben Bagger, und die Metallklaue hebt das Rechteck zu einer tiefen Grube aus, in der sich der fallende Regen sammelt.

Seebestattung, denkt Erna. Sie lässt sich von den Anwesenden die Hände schütteln, setzt sich in der Trauerhalle in die erste Reihe und starrt auf den Sarg und die Kränze. Auf einer Schleife steht: »Mach's gut, Willy – Deine Hafen-Jung's«. Die Hermès-Tüte lehnt an Ernas Bein. Die kleine Tischorgel spielt *La Paloma*, das ist Willys Wunsch gewesen. Bekannte und fremde Gäste tröpfeln still herein. Mit dem Pfarrer hat sie nur kurz telefoniert und ihn gebeten, das zu sagen, was man auf Beerdigungen so sagt, ihrem Willy wäre das auch egal gewesen. Der Pfarrer spricht also, segnet, stimmt Lieder an und zitiert Kalendersprüche: »Was einer ist, was einer war, beim Sterben wird es offenbar.«

Draußen verrichtet der Bagger röhrend seinen Dienst. Erst als die bestellten Sargträger feierlich Position einnehmen und sich zeitgleich die Türen nach draußen öffnen, heult der Motor noch einmal im Rückwärtsgang auf, das Brummen mischt sich mit dem Prasseln des Regens, der Bagger biegt um die Ecke und entfernt sich, bis nur noch der Regen satt auf die Erde klatscht. Erna wirft ihre weiße Lilie in die Grube. Am Ende ist das Erdloch gut gefüllt mit Blumen, die wie Seerosen auf dem stehenden Wasser dümpeln.

»So, und nu gehen wir alle scheun einen trinken, auf Willy!«

»Recht hast, min Deern!« Gerd, ein alter Barkassenführer, legt seine rote, gedunsene Hand auf Ernas Schulter.

Nur Fiete ist nicht gekommen.

Vor der Fritz-Schumacher-Trauerhalle parken Lamborghinis, Porsches und biedere Kleinwagen.

Männer mit selbsttönenden Brillen, blonden Strähnchen in grauen Haaren, verwitterten Gesichter, alle gut gebräunt. Sind wohl viel an der frischen Luft, denkt sich Fiete. Sein guter Anzug kneift etwas am Bauch. Er hing die letzten Jahre unter Cellophan im Schrank, ist lang keiner mehr gestorben. Sind ganz schön viele Leute zu Willys Beerdigung gekommen, das hätte ihn gefreut. Fiete kennt hier niemanden. Verweinte Mädchen mit billigen Ohrringen stehen herum, eine Rose in den Händen, die langen Fingernägel mit Glitzersteinchen verziert. Die Trauerhalle ist riesig und fast voll. Erna ist auch nirgends zu sehen. Er hört jemanden sagen, der Willy hing noch drei Stunden an seinem Boxsack, bevor sie ihn abgenommen haben. Willy war doch seit Jahren schon im Pflegeheim. Fiete wundert sich. Vielleicht hat er was verwechselt? Aber die Beerdigung sollte doch um elf hier in Ohlsdorf sein. Wo ist denn Erna bloß?

Die Türen der Trauerhalle werden geschlossen. Davor postieren sich zwei sehr große, sehr breite Männer in Ledermänteln und mit polierten Glatzen. Es sieht nicht so aus, als käme er jetzt noch zu Erna. Fiete setzt sich in eine der hinteren Bankreihen. Keine Ahnung, wo er hier gerade reingeraten ist. Ein Mann mit Pelzmantel, Goldkettchen und offenem Hemd stellt sich hinter ihn und stützt seine Hände links und rechts von Fietes Kopf auf.

»Hab ich Ihren Platz weggenommen? Wollen Sie wieder hier sitzen?«

»Ich hab 14 Jahre gesessen, ich kann auch mal stehen.« Sein Lachen rasselt und geht in einen Hustenanfall über.

Fiete friert normalerweise nie. Aber kaum steht ein Sarg im Raum, wird es kalt, es kriecht ihm kalt das Hosenbein entlang, über den Rücken, bis ins Genick. Eine Frau mit ledrigem Gesicht setzt sich neben ihn und drückt ihm kurz die Hand. Dann spielen ihre Finger mit den langen Plastiknägeln mit einem Herzchenanhänger, der an einer goldenen Kette um ihren Hals hängt. Sie trägt schwarze Plastikhosen, die knistern, als sie die Beine übereinanderschlägt.

»Ist das nicht der Hammer, Willys Freundin hat sich nich' hergetraut, die Schlampe, die hat ihn rausgeschmissen, und einen Tag später hat er sich aufgehängt. Die hat erst für ihn in der Herbertine geackert und gutes Fett verdient, und jetzt schmeißt sie ihm seine Klamotten in einer Tasche vor die Tür. Die soll's bloß nicht wagen, herzukommen, die kriegt hier aufs Maul!« Sie riecht nach Weinbrand, und der Mann hinter der Bank nickt.

Fiete nickt auch. *»Tscha nu, dat is alles nich' scheun ...«*

»Der Willy, das war ein Guter, der hat seine Hühner nicht so verdroschen wie andere hier ...«, schnarrt es von hinten.

Fiete ist schon auf einigen Beerdigungen gewesen, so viele Kränze hat er aber noch nie gesehen. Die meisten groß wie Lkw-Reifen, der halbe Raum ist voll davon. Auf den Schleifen steht »Ein letzter Gruß von deinen Hamburger Jungs« und »Farewell vom Frankfurter Dieter«. Dazwischen riesige Leuchter mit Hunderten von Kerzen.

»Von mir kriegt der keinen Kranz, der Sack, ich schmeiß ihm 'nen Schuldschein ins Grab. Meine 20.000 Tacken kann ich abschreiben!«, ranzt einer mit Cowboyhut in den vorderen Reihen.

Über die Lautsprecher tönt Frank Sinatras *My Way*, das bringt die Menge in Wallung, es wird auf den Stühlen gerutscht, hinter den Sonnenbrillen fließen Tränen, irgendwo schluchzt eine Frau laut auf.

Draußen überall Pressekameras, davor drängeln sich die blond gesträhnten Herren. Fiete sieht zu, dass er hier wegkommt. An der Bushaltestelle trifft er auf Gerd. Endlich einer, den er kennt.

»Mönsch Fiete, wo hassu denn gesteckt? Erna hat sich schon Sorgen gemacht!«

»Tscha, ich wor da auf so 'ner ganz andän Veranstaltung, wor aber auch mol interessant ...«

Gräber, Bräuche und ein Hochstapler – auf und unter der Ohlsdorfer Erde

Wie in einem riesigen Garten fühlt man sich hier. Ach ja, hier und da ruhen ein paar Gräber am Wegesrand, aber die fallen gegen all das Grün, die wuchtigen Bäume und die blühenden Sträucher nicht weiter ins Gewicht. Ein kleiner Wasserlauf mäandert durch Wiesen und Haine und mündet im Nordteich. Auch ohne jede morbide Veranlagung würde ich mich dazu versteigen zu sagen: Der Ohlsdorfer Friedhof ist einer der schönsten Orte in Hamburg. Mitten im Grün, dezent in die Anlage hineingetupft, stehen die Trauerkapellen – einige ähneln mit ihren Erkern und Türmchen eher kleinen Villen. Andere üben sich in ländlichem Fachwerkstil, wieder andere tragen das unvermeidliche Gewand der 1970er-Jahre aus Waschbeton. Die Busverbindung auf dem Friedhof ist besser als in mancher deutschen Kleinstadt.

Vorwiegend sind hier bekannte Persönlichkeiten, Unternehmer, Bürgermeister, Mediziner und Stifter beerdigt (viele Namen werden einem auf Straßenschildern wiederbegegnen) – willkommen in Hamburg, der Stadt des Geldes und des Bürgertums. Aber auch die Liste der Künstlergräber ist lang.

Hier liegen Hans Albers, Heinz Erhardt, die Schriftsteller Wolfgang Borchert, C.W. Ceram (eigentlich Kurt Marek), Hans Eppendorfer und der *godfather* der Theaterkritiker Alfred Kerr, die Schauspieler Gustaf Gründgens, Horst Frank, Wolfgang Kieling, Willy Fritsch und Inge Meysel, der Maler Philipp Otto Runge und die Tierparkgründerfamilie Hagenbeck.

Und hier liegt auch mein Lieblingshochstapler: **Otto Witte, der König von Albanien.**

Vergesst den Hauptmann von Köpenick, Otto Witte trieb es noch viel wilder – so erzählte er zumindest auf den Jahrmärkten, auf denen er auftrat: Geboren 1872, reiste er als Zauberer und Wahrsager mit dem Zirkus Althoff durch Europa.

1912 gelangte er auf unklaren Wegen in die Türkei und wurde dort angeblich vom Geheimdienst angeworben. In den Wirren der Unabhängigkeit Albaniens vom Osmanischen Reich wurde Witte aufgrund seiner Ähnlichkeit mit dem Neffen des Sultans eingeladen, König des neuen Staates zu werden. Mit seinem Freund, dem Schwertschlucker Max Schlepsig, präsentierte er sich den osmanischen Truppen 1913 als neuer Regent, setzte Truppen ein, nahm Paraden ab und plante bereits einen Feldzug gegen Serbien und Montenegro.

Als der Schwindel aufzufliegen drohte, weil der echte Prinz aus Zeitungen von dieser Geschichte erfahren hatte, setzten sich die beiden mit einem beträchtlichen Teil des königlichen Vermögens ab.

Diese Geschichte vermarktete Witte in Deutschland unter anderem mit einem selbstverfassten Buch. Aber nichts davon ist belegbar oder bewiesen. Trotzdem bestand er bis zu seinem Tod 1958 darauf, als »ehemaliger König von Albanien« angesprochen zu werden.

Für verdiente Hamburger Frauen wurde 2001 der **Garten der Frauen** eröffnet, eine kleine, sehr liebevoll gestaltete Anlage in der Nähe des Wasserturms. Hier sind unter anderem die Schauspielerin Gerda Gmelin (unvergessen als

Loriots Mutter in *Pappa ante Portas*), die Schriftstellerin Marie Hirsch und die Kämpferin für die Rechte der Huren, die wunderbare Domenica, begraben.
www.garten-der-frauen.de

Würde man alle prominenten Gräber besuchen wollen, man bräuchte ein Fahrrad und gute Kondition oder eine Tageskarte für den Bus. Ohlsdorf ist nämlich mit 391 Hektar Gesamtfläche der größte Parkfriedhof der Welt. 17 Kilometer Straßennetz durchziehen den Ohlsdorfer Friedhof, und bisher fanden seit der Eröffnung 1877 anderthalb Millionen Beisetzungen statt. Auf dem Wiener Zentralfriedhof, der einem zuallererst einfällt, denkt man an große Friedhöfe, stolpert man förmlich über Gräber. Hier ist die Wahrscheinlichkeit höher, gegen einen Baum zu laufen – die Besiedlungsdichte des Ohlsdorfer Friedhofs erinnert eher an die Mongolei als an New York City.

Eine Hamburger Eigenart, die hier besonders zelebriert wird, sind sie traditionellen Sargträger. Wenn eine traditionelle Beerdigung gewünscht wird, tragen acht Herren in historischer Kleidung mit weißen Spitzenkragen und Dreispitzhüten den Sarg – ein würdiger Abschied.
Infos zu Friedhofsführungen und mehr:
www.friedhof-hamburg.de/ohlsdorf

12:00

Landungsbrücken

Heute hat das Wetterfröschchen einen ganz schlechten Tag. Zuviel Drogen, Allmachtsfantasien, narzisstische Persönlichkeitsstörung – wer weiß. Es spielt Kriegsherr und lässt aufmarschieren: stürmische Windböen Stärke acht, waagerechter Artillerieregen, Drohgebärdendonner und tiefe, apokalyptische Dunkelheit. Vor den Landungsbrücken schaukeln die Barkassen auf dem tollwütigen Wasser. Und die ganze Brückenanlage schaukelt gleich mit.

Die Dame am Helgoland-Schalter zieht ein mitleidiges Gesicht. *»Das tut mir jetzt leid, aber beim deeeem Weddä fährt hier koina raus. Das macht tscha nu auch kein' Spaß bei den Seegang!«*

Das Elbwasser schwappt bis vor Hertas Füße. Und ein bisschen flau ist ihr auch schon von dem Geschaukel. Sie hält ihre neue Mütze, die sie sich extra für die Reise nach Hamburg gekauft hat, mit kältesteifen Fingern fest.

»Aber ich wollte so gerne mal nach Helgoland! Wissen Sie, ich komme aus dem Sauerland, 20 Jahre lang wollte ich immer mal nach Hamburg, ich war noch nie in Hamburg, weil mein Mann, der …«

»Geh'n Sie doch jetzt erst ma' mal 'n scheunen Kaffee trinken, da rechts rüba is' gloich das Portugiesenviddel, da geh'n Sie ma' nach hin, und dann kommen Sie morgen einfach widder in, da sieht dascha meistens schon ganz anners aus mit den Schietwädda!«

Herta hat verstanden.

Der Wind bläht ihre gelbe Regenjacke auf, sie versucht, auf dem nassen, schwankenden Ponton Tritt zu fassen und sieht dabei aus wie eine schon leicht verwitterte Boje.

Kalle braucht dringend neue Socken. Das letzte Paar hat auch schon Löcher. Er knotet seine bunten Dreads auf dem Kopf zusammen.

»Fahr doch ma' zur See!«, sagt Fiete immer wieder zu ihm, wenn er ihm einen Kaffee vorbeibringt. *»Bist doch plietsch!«*

Fiete ist früher auf einem Walfänger gefahren, Hochseefischerei, bis rauf nach Grönland. Jetzt ist er zwar Rentner, aber zu Hause hält er's nicht aus. *»Da kanns' nix machen, ich hab Hummeln im Mors«*, sagt er immer, und dann krault er Hundis Kopf, so heißt der nämlich, Kalles Hund.

Zweimal die Woche fährt Fiete jetzt Barkasse und erklärt den Touristen den Unterschied zwischen Bug, Heck und achtern. *»Wenn die nämlich alle achtern sitzen, dann faan wir ja die gaanze Zeit bergauf!«*, sagt er und lacht heiser, der Zigarillostummel in seinem Mundwinkel wippt dazu.

Kalle hört ihm gerne zu. Und Fiete ist ganz dankbar, seine Frau tut das nämlich schon lange nicht mehr. Zu Hause läuft meistens der Fernseher, aber Fiete braucht

Wind um die Nase, auch wenn er zum Abendessen gerne wieder am Küchentisch sitzt.

Ob er wirklich mal zur See fahren soll? Das hat Kalle sich schon oft gefragt. Mit 24 ist man ja im richtigen Alter. Aber da verdient man nicht so gut wie als Dachdecker, das hat Fiete ihm erzählt. Obwohl – in Rumänien, da verdient auch ein Dachdecker zu wenig. In Deutschland dagegen ist das Handwerk golden, den Satz hat er hier gelernt. Von seinem letzten Chef, der ihn für vier Monate Arbeit nicht bezahlt hat und seitdem auch nicht mehr ans Handy geht. Seit fast einem halben Jahr wohnt Kalle hier, unter der Kersten-Miles-Brücke, mit Luxusblick aufs Tor zur Welt.

Jeden Tag halten die Touristenbusse direkt vor seiner Nase, zum Schnorren muss man sich nur ein paar Meter bewegen. Und die Deutschen mögen Penner auch gleich viel lieber, wenn die einen netten Hund haben. Kalle ist eigentlich auch Deutscher, das steht zumindest in seinem Pass. Er kommt da her, wo auch diese Nobelpreisträgerin herkommt, die mit der Helmfrisur, von der hat ihm einer mal ein Buch geschenkt, aber gelesen hat er es noch nicht. Er benutzt es als Hülle für seinen Hundeausweis, damit der nicht nass wird. Hundi ist nämlich gechipt und registriert, Ordnung muss sein.

Herta hat sich auf den Parkplatz vor den Landungsbrücken geflüchtet. Zwischen den Bussen ist es gar nicht mehr so windig. Und der Boden schwankt auch nicht mehr. Nur der Regen, der schlägt ihr direkt ins Gesicht. Einmal kurz das Wasser aus den Augen gewischt, einmal kurz nicht aufgepasst, und die neue Mütze hebt ab, trudelt durch die Luft, trollt sich an den Bussen entlang und tänzelt den Hang nach oben, auf die große Kreuzung zu. Goretex, ultraleicht und wetterfest, 40 Euro hat sie gekostet. Herta schnauft hinterher.

Fiete kommt angewackelt, das Hüftgelenk sitzt immer noch nicht richtig. Er trägt einen schwarzen Anzug, der über dem Bauch etwas spannt.

Kalle winkt ihm zu.

»Moin Kalle, is' das 'n Dreckswädda! Ich komm grad vonnä Beerdigung, scheun is' dat nich', bald is' koina vonne Ollen mehr do! Hast wieder 'ne Lieferung gekriegt?«

Kalle hält Fiete einen Karton unter die Nase.

»Guck mal, eine ganze Kiste mit Schokolade, die hat irgendwer von der Kirche hier abgeladen, da drüben ist Wein drin, und der Karton da hinten, der ist voll mit Äpfeln! Brauchst du was? Siehst ja schon ganz verhungert aus.«

»Dein Leem möcht' ich haam! Du bist mir vielleicht so'n Puffmusikant!«

»Nur Socken waren nicht dabei, das hier sind meine letzten …«

»Die Äpfel halten wohl nich' waam genuch anne Füße, was?«

Fiete grinst so breit, dass ihm fast der Zigarillo aus dem Mund fällt. Hundi setzt plötzlich zum Sprung an, schnappt sich mit den Zähnen ein fliegendes Ding aus der Luft und schüttelt es zu Tode.

»Der soll das loslassen! Die hat 40 Euro gekostet! Nehmen Sie den Hund da weg!«

Herta ist bei der Brücke angekommen, triefend und zerzaust wie ein Klabautermann. Fiete setzt sein vertrauenswürdigstes Barkassenführergesicht auf.

»Gaaanz sutsche, min Deern, du büscha ganz nass. Bei den Wädda musstu deine Plünnen gut festtüdeln, sonst is' das Zeuch wech, siehsja …«

Kalle kramt in einer Penny-Tüte, fischt ein fleckiges Handtuch heraus und hält es Herta hin. Sie nimmt es und wischt sich daran die Hände ab. Das Gesicht besser nicht.

»Wohnen Sie hier?« Herta mustert den jungen Mann. Ganz geheuer sind ihr die beiden nicht, man liest ja so viel.

»Das ist nur mein Büro, wohnen tu ich an der Elbchaussee. Aber mir ist das peinlich, so mit meinem Geld rumzuprotzen.« Kalle zieht Hundi die Mütze aus dem Maul.

Fiete hält Herta einen aufgeklappten Karton unter die Nase. *»Such dir ma' 'ne Schokolade aus, das is' gut für die Nerven. Oder gleich zwei, das is' noch bessa!«*

Sie greift sich zwei kleine Tafeln heraus.

»Kann ich Ihnen etwas dafür geben?«

»Bring nächstes Mal einfach 'n Kaffee mit! Oder 'n Paar Socken!«

Der Regen hat nachgelassen. Vielleicht fährt morgen wieder ein Schiff nach Helgoland. Herta dreht sich noch einmal zu den beiden Gestalten unter der Brücke um, dann geht sie in Richtung Michel.

Schiffe, Ausblicke und das Tor zur Welt – am Hamburger Hafen

St. Pauli Landungsbrücken: Kaum ein Hamburger lässt sich hier sehen, aber es ist schön, dass sie da sind. Hier bekommt der zum Überfluss zitierte Ausspruch vom »Tor zur Welt« tuffsteinerne Gestalt. Die Landungsbrücken, gebaut 1907 bis 1909, sind ein auf Pontons schwimmender »Wasserbahnhof«, vom dem aus man heute zwar nicht mehr bis nach Amerika, aber immerhin tief in den Hafen hinein und bis nach Helgoland schippern kann. Hier legten die großen Überseeschiffe an, und wenn man hier eine Flaschenpost ins Wasser wirft, treibt sie weiter bis ins Meer.

Den schönsten Blick hat man von der gegenüberliegenden Seite – einfach mit dem Fahrrad oder zu Fuß durch den Alten Elbtunnel (am besten am Wochenende, dann ist auch kein Autoverkehr) und immer auf den kleinen Strand direkt vor dem Stage Theater zusteuern, in dem täglich *Der König der Löwen* läuft. Kühle Bierchen nicht vergessen!

Am östlichen Rand der Landungsbrücken ankert ein alter Dreimaster: So, genau so sieht sie aus, die Sehnsucht nach dem großen, weiten Meer. Die **Rickmer Rickmers** ist ein alter Frachtsegler, der später als Segelschulschiff eingesetzt wurde. Im Bauch des Schiffes gibt es wechselnde Ausstellungen zur Seefahrt und zur Auswanderergeschichte sowie regelmäßige Autorenlesungen.

Ponton 1a, Neustadt

www.rickmer-rickmers.de

Auf dem **Brücken Basar Krätzschmar/Dönmez** bekommt man, neben dem allgegenwärtigen Touribedarf (Buddelschiffchen, Tassen, *Zeuch* und *Gedöns*) auch echte, unpeinliche Seemannsbekleidung wie Troyer, Matrosenhemden und Kolanis, meist aus Beständen der russischen Marine.

Brücke 5, St. Pauli

Strand Pauli: der netteste Beach-Club von allen, keine Poser, viele Leute aus dem Viertel.

St. Pauli Hafenstraße 89 (am westlichen Ende der Landungsbrücken/Fischmarktanfang), St. Pauli

www.strandpauli.de

Frau Hedis Tanzkaffee macht aus der Barkasse Hedi ein Partyschiff – aber eines von den Guten! Prachtvolle Musik fernab des Mainstreams, entspannte Leute, regelmäßige Lesungen und andere zauberhafte Veranstaltungen. »Junggesellinnenabschiede beiderlei Geschlechts haben auf der Hedi und den zugehörigen Barkassen keinen Zutritt und werden wieder nach Hause geschickt«, heißt es übrigens auf Frau Hedis Homepage. Recht so!

Brücke 10 (Innenseite), St. Pauli

www.frauhedi.de

Noch ein Stückchen weiter östlich, an der Überseebrücke, liegt die **Cap San Diego**, ein ehemaliger Stückgutfrachter und heute Museumsschiff. Und das Schöne ist: Man kann hier stilecht übernachten. Alle Kabinen sind in restauriertem Originalzustand und haben sogar ein Vollbad. Die Doppelkabine kostet 95 Euro.

Überseebrücke, Neustadt, Tel. 040/364209

www.capsandiego.de

Ach ja, den **Hafengeburtstag** gibt es auch noch, jedes Jahr am Wochenende um den 7. Mai (dem Überseetag). Wem es übers Jahr an Körperkontakt mangelt und wer sich mit anderthalb Millionen mehr oder weniger zurechnungsfähigen Bundesbürgern an Wurst-, Süßkram- und Bierständen vorbei zum nächsten Fahrgeschäft drängeln möchte, beschallt von einer Kakophonie aus Schlagern, Shanty und den Lauten, die anderthalb Millionen mehr oder weniger zurechnungsfähige Bundesbürger so von sich geben, der wird seinen Spaß haben. Die Einlaufparade der Schiffe (jeweils am Eröffnungsfreitag) und die Punkrockbühne an der Hafenstraße sind geschmackssichereren Naturen dagegen sehr zu empfehlen.

Elbphilharmonie und HafenCity – eine Polemik

»Wer Visionen hat, sollte zum Arzt gehen«, das hat Helmut Schmidt einmal gesagt. Und Hamburg hatte den feuchten Traum von der »Wachsenden Stadt« (so der Name eines Leitbildes zur Stadtentwicklung von 2002/2003), von Hochglanz, Renommee und Weltklassearchitektur. Mit Verlaub: In einer Stadt, in der jeder größenwahnsinnige Gnom seine baulichen Visionen verwirklichen darf, möchte ich nicht leben. Danke also, liebe Stadt Hamburg, dass du diesen finanziellen und architektonischen Graben nur um die HafenCity ziehst. Es hätte weitaus schlimmer kommen können.

Nichts gegen Veränderung, wenn sie gemeinsam mit den Bewohnern eines Stadtteils entsteht. Aber als Normal- bis Geringverdiener ohne Allmachtsfantasien fühlt man sich immer etwas ausgekühlt, sobald man das Areal der HafenCity betritt. Mir läge es fern, meine Millionen in ein Apartment zu buttern, das im Marco-Polo-Tower und damit in einem der teuersten Gebäude der Welt liegt. Einen schönen Elbblick hat man auch in Wilhelmsburg, und was mit der HafenCity passieren könnte, wenn erst die Elbvertiefung kommt, das mag man sich gar nicht erst vorstellen. Der Marco-Polo-Tower ist ein Plattenbau im »gehobenen Segment«, wie die Bauherren nicht müde werden zu betonen. 3.500 bis 11.000 Euro kostet hier der Quadratmeter als Rohbau oder im »Design-Ready-Konzept«, wie es so schön genannt wird. Will sagen, Hochhaus ohne Klo, Küche und ohne Putz an den Wänden – früher war das mal eine Wohnvision für die, die's im Leben nicht besonders weit gebracht haben. Nur zu anderen Preisen.

»Was ist das denn für eine blöde Fortschrittsverweigerin?«, höre ich erboste Stimmen sagen.

Ich zitiere aus einem Artikel über die Elbphilharmonie im *Stern*: »Für Arno Brandlhuber, Architekt und Inhaber des Lehrstuhls für Architektur- und Stadtforschung, [...] haben Städte heute vor allem eine Aufgabe: Sie müssen soziale, kulturelle und ethnische Vielfalt in jedem ihrer Viertel fördern. Die Elbphilharmonie hingegen treibe soziale Segregation voran, da sich in ihrem Nahbereich dank wohlhabender Hotelgäste, Konzertbesucher und Wohnungsbesitzer eine homogene soziale Situation einstellen werde.«

So isses. Die HafenCity insgesamt ist so glatt und verspiegelt, dass man sich auf der schönen Hochglanzpolitur fühlt wie ein Möwenschiss. Was für Nachbarn hätte man da bloß? Diverse Fußballspieler, gegelte New-Economy-Heuschrecken mit Sportwagen und im besten Fall noch dezente Millionäre mit karierten Jacketts. Leerstehende Wohnungen werden oft für Filmdrehs genutzt, mal torkeln einem also betrunkene und betrogene Gattinnen, gespielt von der deutschen Vorabend-Crème-de-la-Crème entgegen, mal findet man sich beim Müllrunterbringen in einer gespielten mafiösen Verstrickung wieder, mal ermittelt Bella Block neben den Briefkästen, mal kommt man nicht in die Tiefgarage, weil dort gerade eine wahnwitzige Autoverfolgungsjagd gedreht wird. Willkommen im Leben der Reichen und Schönen!

Und selbst wenn die kritischen Stimmen zu Recht rufen: »Dann fahr da halt nicht hin!« – die HafenCity ist ein Signal, wohin die Reise geht.

Hier wurde zwar niemand vertrieben, hier wurden keine kleinen Kneipen abgerissen, um später zur Hälfte leerstehende Bürogebäude aus dem Boden zu stampfen, hier gab es noch nie Wohnungen für Menschen auf Hartz IV. Die Hamburger Society zeigt hier jedoch gern, was sie am liebsten hat: Geld. Und die gewachsenen Strukturen auf dem Kiez, in Altona oder in Wilhelmsburg kauft man dann auch, ein bisschen Schmuddelfolklore ist ja ganz pittoresk, wenn man sie von oben aus dem Loft betrachten kann.

»Aber die bahnbrechende Architektur!«, rufen die kritischen Stimmen.

Angucken alleine tut's nicht, ich stelle mir ja auch keinen 100.000-Euro-Nippes ins Regal. Und ich zahle teuer für dieses Vitrinenstück – nicht von meinen vielzitierten Steuern, sondern von dem Anteil, den das Unternehmen, dessen Mieter ich bin, jährlich an die Stadt abzugeben hat. Und das nutzt gerne die eine oder andere Möglichkeit, diese Ausgabe über Mieterhöhungen wieder einzuspielen. Ich wohne quasi für die Elbphilharmonie, so wie ich für die Terrorismusbekämpfung rauche.

»Aber mit der Elbphilharmonie haben wir endlich ein Wahrzeichen!«, wird aus der letzten Reihe angemerkt.

Ach ja, wird der Michel jetzt etwa abgerissen? Der hat seinen Job als Wahrzeichen bislang doch ganz gut gemacht. Vielleicht bin ich ein Spießer. So einer, der sich vor 130 Jahren auch dem Bau von Neuschwanstein nörgelnd in den Weg geworfen hätte. Und der später vor Stolz kaum noch einhalten kann ob dieses unvergleichlichen Kulturdenkmals. Vielleicht werde ich mir in 50 Jahren ein Rührungstränchen aus dem Augenwinkel wischen und mich freuen, wie schön unsere Elbphilharmonie doch geworden ist. Aber bis dahin habe ich ja noch ein paar Jahre Zeit zum Meckern.

Störtebeker, Eisenbahnen und anderthalb Stunden Dunkelheit – die Speicherstadt

Die HafenCity schließt direkt an die Speicherstadt an, den größten zusammenhängenden Lagerhauskomplex der Welt. Wo früher einmal DER Umschlagplatz und Verwahrungsort für sämtliche Güter aus Übersee war, lagern heute im Stillen noch Teppiche, Kakao, Kaffee und Tee. Besonders im winterlichen Nebel wirkt das neugotische Backsteinensemble so malerisch düster und aus der Zeit gefallen, dass es eine perfekte Krimikulisse abgibt. Und tatsächlich: Wer sich beim Edgar-Wallace-Film *Die toten Augen von London* (1961) in England wähnt, dem sei verraten: Die Wasserleiche trieb in den Fleeten der Speicherstadt.

Hinter der Speicherstadt liegt der Grasbrook. Heute kann man am großen Kreuzfahrtterminal Schiffe wie die Queen Mary 2 bestaunen, bis ins späte Mittelalter wurde hier noch hingerichtet, was das Zeug hielt. Der prominenteste Delinquent war der Pirat **Klaus Störtebeker**. Zusammen mit seinem Kumpan Gödeke Michels und anderen Freibeutern überfiel er ab 1364 auf der Ostsee vorwiegend Schiffe mit Lebensmittelfracht (auch »Viktualien« oder »Vitalien« genannt, was den Piraten ihren Spitznamen Vitalienbrüder einbrachte).

Das taten sie allerdings anfangs noch gesetzlich legitimiert, denn der Herzog von Mecklenburg war gerade König von Schweden geworden, das wiederum mit Dänemark um die Vorherrschaft auf der Ostsee kämpfte. Dafür heuerte man gerne Abenteurer wie Störtebeker und Michels an, denn Schiffsüberfälle galten als Teil der taktischen Kriegsführung. Doch die Vitalienbrüder kriegten den Hals nicht voll, sie überfielen auch Schiffe anderer Länder und schließlich auch die ihrer einstigen Auftraggeber. Ihren Aktionsradius weiteten sie auf die Nordsee aus, und Störtebeker verbündete sich mit den friesischen Häuptlingen, indem er eine ihrer Töchter heiratete.

Dass dieses Geschäftskonzept aus Überfällen und Landhehlerei – auf See erbeuten und an Land verticken lassen – nicht lange gut gehen konnte, ist klar. Die Hansestädte machten mobil gegen die Piraten, und im März 1401 enterte die Hamburger Flotte unter der Führung von Simon von Utrecht die Piratenschiffe Störtebekers. Nach drei Tagen und Nächten Gefecht wurden die überlebenden 72 Piraten mitsamt ihrem Anführer ins Gefängnis unter dem alten Rathaus gebracht. Am Hinrichtungstag schlug Störtebeker dem damaligen Bürgermeister Kersten Miles der Legende nach einen kleinen Deal vor: Die Männer, an denen er enthauptet noch vorbeilaufen könnte, sollten freigelassen werden. Miles willigte ein, und Störtebekers kopfloses Defilee brachte immerhin elf seiner Mitgefangenen die

Freiheit, bis ihn ein Steinwurf aus der Menge schließlich zu Fall brachte. Heute erinnert am Grasbrook eine Bronzestatue an Hamburgs größten Piraten.

Ausnahmslos jedem Hamburgbesucher empfehle ich einen Besuch beim **Dialog im Dunkeln**. In dieser von Blinden konzipierten Geräusch-, Geruchs- und Wahrnehmungsausstellung erfährt man sehr eindrücklich, wie es ist, wenn man sich in totaler Dunkelheit zurechtfinden muss. Man wird dabei von Blinden durch unterschiedlich inszenierte Räume geführt (man erlebt unter anderem eine schaukelnde Hafenrundfahrt und besucht eine Kneipe) und nach 60 bis 90 Minuten Tour (die wirklich anstrengend sind, aber auf eine angenehme Weise!) wird man tiefen Respekt dafür empfinden, was blinde Menschen täglich an Herausforderungen meistern.

Wem danach der Sinn nach einem feinen Abendessen steht, der kann beim *Dinner in the Dark* tafeln. Im Dunklen selbstverständlich. Der (sehende!) Koch zaubert ein Überraschungsmenü, bei dem es dem Gast überlassen bleibt, herauszuschmecken, was da gerade auf seinem Teller angerichtet sein mag. Und man kann darauf vertrauen, dass das Essen schmeckt und die Bezahlung stimmt, denn die blinden Servicekräfte helfen natürlich auch, das Kleingeld und die Scheine passend aus dem Portemonnaie zu kramen. Führungen und Dinner unbedingt vorher reservieren!

Alter Wandrahm 4, Altstadt
Tel. 040/3 09 63 40
www.dialog-im-dunkeln.de

Wer auf dem Rummel zuerst zielstrebig die Geisterbahn ansteuert, der wird im **Hamburg Dungeon** glücklich werden, der sich am Vorbild des berühmten London Dungeon orientiert. Gräßlich-grauslige Erschrecker führen durch einen Parcours der Hamburger Stadtgeschichte – von Piraten über Pestkranke bis hin zum großen Stadtbrand 1842, und all das mit Sound- und Lichteffekten versehen und ergänzt durch diverse Fahrgeschäfte. Man fühlt sich wie ein Mitwirkender in einem sympathisch schrottigen Splatterfilm, und die von Schauspielern verkörperten Finsterlinge kommen dem Besucher dabei erschreckend nahe. Ganz nebenbei lernt man eine Menge über die Historie. Aber selbst, wenn man beim Eintritt schon weiß, was einen erwartet – der Hamburg Dungeon ist nichts für schreckhafte Seelchen und schon gar nichts für Kinder unter zwölf!

Kehrwieder 2, Block D, Altstadt
Kartenreservierung: Tel. 0 18 05/66 69 01 40
www.the-dungeons.de/hamburg

Direkt nebenan liegt das **Miniatur Wunderland**, die größte Modelleisenbahnlandschaft der Welt und ein Paradies für die Freunde des Kleinteiligen. Allerdings inzwischen auch eine der Top-Touristenattraktionen Hamburgs, daher ist meistens mit Enge und verstärktem Körperkontakt zu rechnen. Wer das in Kauf nimmt, den erwartet ein detailverliebtes Abbild der Wirklichkeit mit Schweizer Landschaften, skandinavischen Fjorden, Hamburg im Kleinformat, Amerika von den Rocky Mountains bis nach Las Vegas, Blinken und Hupen, tausenden Menschen und Tieren – und natürlich Eisenbahnen in allen denkbaren Ausführungen.

Man kann die fantastischen bewegten Arrangements wie ein Wimmelbild stundenlang betrachten und doch noch längst nicht alles entdeckt haben. Und es macht auch dann Spaß, wenn man ansonsten kein Modelleisenbahn-Nerd ist. Tipp: Fernglas mitbringen!
Kehrwieder 2–4, Block D, Altstadt
www.miniatur-wunderland.de

Das **Hachez Chocoversum** trägt zwar die Marke in klarer Verkaufsabsicht im Namen, ist aber für Schokoladenfreunde durchaus einen Besuch wert. Hier kann man bei der Schokoladenherstellung zuschauen, Zutaten riechen und anfassen und den Weg von der Kakaobohne bis zur Schokoladentafel in all seinen Schritten nachvollziehen. Das macht Spaß (gerade, wenn man maulende Kinder ruhigstellen will) und ist informativ, ohne dass einen dabei ständig das Gefühl beschleicht, in eine Werbeveranstaltung geraten zu sein.
Meßberg 1, Altstadt
www.hachez-chocoversum.de

Das **Speicherstadtmuseum** ist eine anrührend tantige und liebevoll gestaltete Außenstelle des Museums der Arbeit in Barmbek. Die Ausstellung zeigt sehr anschaulich das frühere Arbeitsleben in der Speicherstadt und will eher unaufdringlich informieren statt lauthals zu entertainen. Zudem gehören ganz zauberhafte Kindertouren durch die Speicherstadt zum Programm. Sehr empfehlenswert sind auch die regelmäßig stattfindenden Teeverkostungen!
Am Sandtorkai 36, HafenCity
www.speicherstadtmuseum.de

Die evangelisch-lutherische **Flussschifferkirche** ist die einzige schwimmende Kirche Deutschlands. Sie befindet sich auf einem 26 Meter langen Schiff, auf dem natürlich regelmäßig Gottesdienste, aber auch Hochzeiten und Taufen stattfinden.

Hohe Brücke 2, Altstadt

www.flussschifferkirche.de

13:00

Michel

Vor dem Hauptportal ist kaum ein Durchkommen. Mehrere Reisebusgesellschaften werden von ihren Gruppenleitern zusammengetrieben und hektisch umkreist.

»Guided tour for the Osaka group, please wait here!«

Stimmen und Sprachen mischen sich zu einem babylonischen Klangteppich.

Herta schiebt sich an fotografierenden Menschen in identischen Regenjacken vorbei ins Foyer. Hinter einer Glastür öffnet sich der helle barocke Kirchenraum in schwungvollen Konturen. Überall Menschen, Herta kommt kaum durch. Zum Turm mit Aussichtsplattform geht es links die Treppe hoch, einen Aufzug gibt es auch. Herta ist früher mal sehr sportlich gewesen, inzwischen wollen die Gelenke nicht mehr so recht, aber so klapprig, dass sie jetzt den Aufzug nehmen müsste, ist sie weiß Gott noch nicht.

»Die große Aussichtsplattform liegt auf 82 Metern, die kleine erreichen sie von dort aus über eine Wendeltreppe, die Gesamthöhe des Turms beträgt 132,14 Meter, oben befinden sich auch Sitzgelegenheiten und ein Getränkeverkauf.« Die Frau am Ticketschalter drückt ihr eine Broschüre in die Hand. »Hier können Sie noch mal die wichtigsten Fakten nachlesen.«

Nach 279 Stufen ist Herta am Ende ihrer Kräfte. Schnaufend hält sie sich am Geländer fest und schleppt sich Schritt für Schritt nach oben.

Auf der Aussichtsplattform zieht es gewaltig. Die Autos, die unten tosten, sind hier oben nur noch als fernes Rauschen zu hören. Der Wind zerrt an Hertas Mütze. Außer einem jungen Mädchen ist niemand hier. Die Alster liegt glitzernd da hinten im Grünen, die Reeperbahn verheißt Abenteuer bis zum Horizont, bunte Lichter blinken, obwohl es Tag ist. Von oben sehen alle Städte schön aus, alle schön und irgendwie auch alle gleich, denkt sich Herta. Der Hafen breitet sich vor ihr aus, rechts spreizt sich die Köhlbrandbrücke über die Elbe. Am Heck eines Flugzeugs flattert das Werbebanner einer Lottogesellschaft: »Heute ist Ihr Glückstag!«

Jennifer ist noch nie hier oben gewesen. Mit der Grundschule vielleicht mal unten in der Kirche, aber das ist bestimmt schon zehn Jahre her. Sie beugt sich über das Geländer, spuckt nach unten und schaut dem Tropfen nach. Es dauert lange, verdammt lange, bis sie ihn nicht mehr sehen kann. Wie lange er wohl fällt, bis er unten aufschlägt? Zehn Sekunden? Länger?

Jennifer steigen Tränen in die Augen. Er hat sie einfach sitzenlassen. Ist gestern nicht wie verabredet ins Jugendzentrum gekommen. Geht nicht ans Handy. Es ist vorbei. Jetzt soll er sehen, was er davon hat, der Arsch!

»Alles in Ordnung?« Herta hat das traurige Mädchen beobachtet. Jennifer dreht sich erschrocken zu ihr um.

»Lassen Sie mich in Ruhe! Alles bestens, sehen Sie doch!«

»Kann ich dir irgendwie helfen?«

»Gehen Sie weg! Ich … ich spring sonst voll da runter!«

»Lass dich von mir nicht stören.« Herta hat mal in einer Zeitschrift gelesen, dass man Selbstmörder irritieren soll. Wenn man sagt, sie sollen doch bloß nicht springen, dann tun sie es erst recht. Und man soll Selbstmörder in Gespräche verwickeln. Sie geht einen Schritt auf das Mädchen zu. »Weißt du, ich war auch mal ganz verzweifelt … wegen einem Jungen. Weil er mit meiner Freundin abgehauen ist. Da habe ich Abschiedsbriefe an alle Freunde geschrieben und mir vorgestellt, wie meine Beerdigung sein würde.«

»Echt jetzt? Und dann?« Jennifer wischt sich die verheulte Schminke aus den Augen und schaut Herta misstrauisch an.

»Meine Freundin hat den Jungen später geheiratet. Und er hat sie ständig betrogen. Später hat er dann Krebs gekriegt, und sie musste ihn jahrelang pflegen. Und wenn ich mich damals umgebracht hätte, wäre ich meinem Mann nie begegnet. Wie alt bist du?«

»Ich werd nächste Woche 16. Ich fühle mich voll alt. – Ey, was macht DER denn da?«

Jennifer starrt mit aufgerissenen Augen auf einen Jungen in sackartigen Hosen, der sich hinter Herta bedenklich weit über die Brüstung lehnt.

»Ey, lass den Scheiß! Komm da weg!« Sie springt auf den Jungen zu, packt ihn an der Jacke und reißt ihn zu Boden. Herta fragt sich, ob die Teenager im Sauerland eigentlich glücklicher sind.

»Bist du noch ganz dicht? Ich hab doch nur runtergeguckt! Haut die mich um, Alter!« Der Junge starrt Jennifer fassungslos an.

»Ich hab gedacht … du wolltest da … runterspringen …«, nuschelt sie in eine Haarsträhne hinein, die sie sich um die Nase wickelt.

»Ich wollte nur gucken, wie tief das ist, Mann!« Der Junge setzt sich auf den Boden, Jennifer hockt sich dazu.

Herta beobachtet die beiden aus dem Augenwinkel. Ihre Knie zittern. Ihr Herz hämmert bis hinter ihre Stirn. Eine Möwe landet neben ihr auf dem Geländer. Dann wird es dunkel.

»Haaa-lloooo! Aufwachen! Scheiße, wenn die jetzt tot ist!« Jennifer rüttelt an Hertas Schultern. Herta liegt auf dem Boden der Plattform und atmet schwer.

Der Junge dreht sie auf die Seite und winkelt ihre Beine an. »Hab ich im Erste-Hilfe-Kurs gelernt. Werd mal nich' panisch, die kommt schon wieder. Du bist vielleicht 'n Psychokeks!«

Jennifer muss grinsen. Herta schlägt die Augen auf und blickt in den knallblauen Himmel. Das Flugzeug mit dem Werbebanner zieht seine Kreise. »Heute ist Ihr Glückstag!«

Sakrales, Kulinarisches und die Portugiesen – Hamburg-Neustadt

Der Michel steht eingeklemmt zwischen Ludwig-Erhard-Straße und dem Verlagshaus Gruner+Jahr an der Englischen Planke, als wäre er zufällig dort hingeraten. »In der toten Ecke da drüben bräuchten wir noch was, vielleicht irgendwas mit Turm?« – »Können wir machen, wird ein bisschen eng, aber sonst ist es ja gar so trostlos hier. Komm, wir knallen noch 'ne Kirche dazwischen!« So oder so ähnlich könnte man sich das Planungsgespräch für die evangelische Kirche St. Michaelis vorstellen. Tatsächlich war es natürlich umgekehrt: Gebaut wurde sie in den Jahren 1647 bis 1669, brannte 1750 nach einem Blitzschlag ab, wurde nach der bereits 1751 erfolgten Grundsteinlegung bis 1786 wiederaufgebaut, brannte 1906 wieder ab und wurde bis 1912 erneut wiederaufgebaut.

Nach dem Zweiten Weltkrieg stand außer dem Michel in dieser Ecke so gut wie gar nichts mehr. Aber die Stadtplanung hat sich große Mühe gegeben, eine sechsspurige Straße, Bürohochhäuser verschiedener Nachkriegsepochen und Hamburgs größten Sakralbau in ein harmonisches Bild zu fügen.

Solche baulichen Zerrissenheiten sind typisch für Hamburg. Verlässt man eine ansehnliche Gegend, sieht es schon an der nächsten Ecke so aus, als könne man dort gegen Barzahlung Organe kaufen, und ein paar Meter weiter erwarten den Flaneur wieder wahre architektonische Prachtexemplare.

Den 132 Meter hohen Turm des Michels und seine Uhr, mit acht Metern Durchmesser die größte Turmuhr Deutschlands, sieht man aus fast ganz Hamburg, das Gebäude erst, wenn man direkt davorsteht.

St. Michaelis ist eine bombastisch schöne Barockkirche, und wer es in Hamburg gesellschaftlich geschafft hat, kriegt hier seine Trauerfeier. Und auch, wenn man ihn als Hamburger kaum einmal besucht – schön und beruhigend, dass der Michel da ist. In Hamburger Seemannsliedern ist er das Symbol schlechthin fürs Heimkehren – und mir selbst geht's auch so, wenn ich mit der Bahn zurück nach Hause komme.

Jeden Tag um 10 Uhr und um 21 Uhr hört man den Turmbläser bis weit über den Hafen und die umliegende Stadt. Turmbläser waren in früheren Zeiten dafür da, vor nahenden Gefahren zu warnen. Der Choralbläser, den es beim Michel seit 300 Jahren gibt, ist eine Erfindung der Reformation. Seine Aufgabe war es, eine einprägsame musikalische Predigt *to go* zu verbreiten, die die Menschen auch zu Hause oder bei der Arbeit hören und mitsingen konnten. Auch heute noch beginnt er am Ostfenster mit einem dem Kirchenkalender aktuell entsprechenden Choral, zum Beispiel *Zum Lobe Gottes, den Menschen zur Freude*, und bläst, dem Lauf der Sonne folgend, jeweils einen Vers in die verschiedenen Himmelsrichtungen.

Das Schöne ist: Alle, wirklich alle, halten für diesen Moment inne und hören zu – egal, ob Manager, Verkäuferin auf dem Wochenmarkt oder der Portier bei Gruner + Jahr. Die Musik des Turmbläsers verleiht diesem Moment etwas Magisches, Bedeutungsvolles, ganz egal, ob man sich gerade einen Kaffee bestellt oder beim benachbarten Versicherungskonzern Deutscher Ring über ein höheres Gehalt verhandelt.

Über dem Hauptportal tötet der Erzengel Michael einen widerwärtigen Drachen, und das schon seit 1911. Wie alle exponierten Türme, Brücken oder sonstigen hoch aufragenden Bauwerke ist auch der Michel leider ein Hotspot für Selbstmörder. 1990 sprang ein unglücklicher Mensch von der 106 Meter hohen Aussichtsplattform auf dem Turm direkt auf die Bronzestatue des heiligen Michael und beschädigte ihn dabei so schwer, dass er grundlegend restauriert werden musste. Seit 1991 ist er über dem Portal wieder ununterbrochen im Einsatz gegen das Böse.

Es gäbe über den Michel noch vieles an Daten, Fakten und Geschichten zu berichten, weshalb eine Führung wärmstens zu empfehlen ist!

Englische Planke 1, Neustadt

www.st-michaelis.de, www.nachtmichel.de

Seit der Einrichtung des Containerhafens weit draußen am Burchardkai trifft man an der Hafenkante so gut wie keine Seeleute mehr.

Im **Seemannsheim Krayenkamp** ist die Wahrscheinlichkeit noch am größten, und auch als Nichtmatrose bekommt man in dem unscheinbaren Backsteinbau am Michel einen leckeren soliden Mittagstisch für kleines Geld. Und man kann hier auch kostengünstig und sehr zentral übernachten.

Das Seemannsheim gehört zur Deutsche Seemannsmission in Hamburg R.V., die 1891 von Hamburger Reedern, Kaufleuten und Senatsmitgliedern gegründet wurde. Bis heute stellt die evangelische Kirche die Seemannspastoren und Diakone. Doch keine Angst: Auch ausgemachte Kirchenphobiker dürfen sich entspannen, hier geht es mehr um einen handfesten Dienst am Menschen, denn um aufgenötigte Frömmelei. Und was die Leute der Seemannsmission leisten, ist mehr als ehrens- und unterstützenswert.

Krayenkamp 5, Neustadt
Tel. 040/37 09 60
www.seemannsheim-hamburg.de

Direkt zu Füßen des Michels liegen die **Krameramtsstuben**, die ältesten Hofbebauungen Hamburgs. Sie wurden 1676 vom Krameramt, einer Vereinigung von Kleinhändlern der damaligen Zeit, als Wohnmöglichkeiten für die Witwen verstorbener Mitglieder gebaut. Die zwar sehr pittoresken, aber engen, niedrigen und düsteren Gebäude zu besichtigen (ein Haus ist als Museumswohnung mit vollständiger Einrichtung aus der Zeit um 1850 begehbar), ist zwar sehr eindringlich, aber kein Spaß für Klaustrophobiker, gerade, wenn man sich den eh schon geringen Platz noch mit zig Touristen aus aller Welt teilen muss. Früh kommen lohnt sich also!

Krayenkamp 10, Neustadt

Zwischen Michel und Hafenkante liegt das Verlagshaus Gruner + Jahr, wo unter anderem *Brigitte*, *Stern* und *Geo* produziert werden.

Und die meisten Verlagsmitarbeiter, die ihr Mittagessen nicht in der Hauskantine einnehmen wollen, tun das im **Café Johanna**. So trifft man in dem kleinen schlichten Ladenlokal auf Moderedakteurinnen mit bizarren Brillen, vereinzelte Anzugträger und Kreativvolk, das vor weißen oder silberfarbenen Geräten hockt und schwer produktiv ist. Die Atmosphäre ist entspannt, das Essen prima und günstig. Nur um die Mittagszeit ist es meistens knallvoll.

Venusberg 26, Neustadt

Tel. 040/38 64 52 78

www.cafejohanna.de

Hangabwärts liegt das **Portugiesenviertel**. Hier reihen sich Restaurants an Cafés und Cafés an Restaurants. Das klingt sehr nach Tourimeile, aber die melancholische Mauligkeit der portugiesischen Wirte verleiht dem Viertel eine fast schon dörfliche Heimeligkeit. Entlang der Ditmar-Koel-Straße kann man kulinarisch nichts verkehrt machen, gute Gambas in Knoblauch und leckeren Galão gibt's überall. Schon im 16. Jahrhundert siedelten sich hier die ersten inquisitionsflüchtigen Portugiesen an – an der Hafenkante natürlich, wie es sich für eine Seefahrernation gehört. Weitere Einwanderer folgten, und so finden sich hier inzwischen gleich drei skandinavische Seemannskirchen, brasilianische Wohndesigner und eine Menge kleiner Galerien.

14:00

Horner Rennbahn

Hüte, überall Hüte. Riesige Ungetüme mit Plastikobst, Federn und Drahtaufbauten, überladen wie ein Hotelbuffet. Herren im Cut wedeln mit Wettscheinen, dazwischen gegerbte Trinkergesichter mit stierem Blick. Vor dem Eingang zur Rennbahn lungert ein speckiges Mädchen in zu engen Jeans und tippt auf ihrem Handy herum.

Jennifer biegt mit dem Jungen vom Michel um die Ecke.

»Ey, ich ruf dich schon die ganze Zeit an! Ich hab mir voll Sorgen gemacht!«

»Chill mal, ist alles okay! Das ist Paul, und der ist auf Hamburgbesuch und voll nett. Da ist ’ne alte Lady voll umgefallen, auf dem Michel, krasse Scheiße, oder?«

»Was machst’n du auf’m Michel? Wolltest du da runterspringen oder was? Der Hassan, der hatte nix mit der *bitch*, ich schwör! Wenn du da runtergesprungen wärst, wärst du jetzt voll tot, das wär doch voll abgefuckt!«

Sie drückt Jennifer ganz fest an sich.

»Die Lady ist jetzt erst mal *safe*, die haben wir ins Café gebracht.«

Arjun hat sich eine Zeitung gekauft, in der alle Pferde beschrieben werden, die heute im Rennen sind. Der Favorit heißt Westwind. In Malaysia gibt es kaum Pferde, in seinem Dorf gab es mal eins, aber das ist auch schon lange her. Arjun fährt zur See, seit er 16 ist. Gute Arbeit, gutes Geld. Seine Kollegen sind nett, die haben ihn auch hierher geschleppt, an seinem einzigen freien Tag seit Wochen.

»Jetzt du setzt paar Euro, und wenn gewinnst, dann kaufst deine Familie Geschenke!« Oleg hält ein Bier in der Hand, und kleine Schweißperlen glitzern auf seinem gegerbten Mondgesicht. »Bei uns in Ukraina, Frauen haben kein Hut. Kopftuch in Kirche, und bei Feier haben immer wenig an!« Er lacht kehlig und schaut einer leicht angejahrten Dame hinterher, die in weißem Kostümchen und mit einem metastasierenden Gebinde aus Filz und Tüll auf dem Kopf an ihnen vorbeistakst.

Arjun verdient ungefähr 1.300 Euro, das meiste davon schickt er seiner Mutter. Irgendwann will er mal heiraten und eine kleine Schneiderei aufmachen. Er näht so gerne, auf dem Schiff repariert er die Hemden und Hosen seiner Kollegen. Die Sonne sticht, und Joe drückt ihm ein Bier in die Hand. Joe hat mehr Goldzähne als echte im Mund und stammt aus Manila. Vor zehn Jahren hat er hier mal richtig viel Geld gewonnen, seitdem liebt er Pferderennen.

»Wenn ich gewinne viel Geld, wir alle zusammen gehen heute Herbertstraße!« Er grinst, und die Sonne lässt seine Goldzähne strahlen, als schiene sie ihm direkt aus dem Mund. Joe und Oleg schieben Arjun in Richtung Rennbahn. Auf der Tribüne sitzen Leute, vor denen Kübel mit Champagner auf Eis stehen. An der Absperrung drängeln sich Familien mit Kindern, zwei Engländerinnen mit schon leicht lädiertem Make-up nehmen abwechselnd einen Schluck aus einer Flasche Scotch.

Sie schlendern die Rennstrecke entlang bis zu den Startboxen. Die Pferde sind wunderschön, Arjun hat noch nie so schöne Tiere gesehen. Richtig königlich sehen sie aus mit ihren seidigen Fellen, die in der Sonne glänzen.

»Du musst Augen gucken, wenn Auge klar, Pferd gut. Dann du setzen viel Geld. Wenn Auge trüb, Pferd krank oder Drogen, dann lassen, sonst verlieren dein Geld. Alles klar?« Oleg hat schon wieder ein volles Bier in der Hand.

»Der gefällt mir! Der soll gewinnen!« Arjun zeigt auf ein braunes Pferd mit hellen Ringen um die Augen.

»Das ist Barolo«, ruft ein kleiner Mann mit bunter Jacke herüber, »wollen mal hoffen, dass wir beide gewinnen!« Er tätschelt das Pferd am Hals und schwingt sich in den Sattel.

»Komm, wetten!« Joe zupft Arjun am Ärmel.

Vor den Wettannahmeschaltern ist die Hölle los. Menschen drängeln, schubsen, rufen, ein Ellbogen rempelt gegen Olegs Bier. Arjun reicht Joe, der es bis weiter nach vorne geschafft hat, einen 50-Euro-Schein rüber. »Auf Barolo, das alles auf Barolo! Mehr hab ich nicht!«

Joe schnappt sich den Schein und ist der Menge verschwunden. Eine scheppernde Durchsage ertönt: »Zum Darboven-Cup gehen jetzt an den Start: Der Favorit Westwind, Barolo, Nightmare, Mysterio, Jupiter, Husar, Gino, Turandot, Adlerflug und Laguna.«

Joe kommt mit einem kleinen ausgedruckten Schein zurück. »Ich hab Dreierwette gesetzt, erst Barolo, dann Westwind, dann Jupiter. Dann du bist reich!«

»Und dann wir gehen Herbertstraße! Arjun zahlt!« Olegs rotes Gesicht strahlt.

Die drei schieben sich dicht an den Rand der Zuschauermenge, ganz hinten vor den Boxen stehen die Pferde schon in Position. Bunte kleine Männer sitzen gebeugt auf ihren Rücken, Hitze flimmert über der Rennbahn, gespannte Erwartung macht sich breit.

Startschuss, dann das näherkommende Getrampel der Pferde. Die Stimme des Sprechers dröhnt durch die Boxen.

»Adlerflug in der vordersten Linie, Gino an dritter Position, Jupiter an der Innenseite, sie gehen mit Tempo in die Gegenseite, Erster ist immer noch Adlerflug, danach Mysterio, jetzt gefolgt von Turandot, es geht durch den Horner Bogen, Barolo holt auf, jetzt an zweiter Position …«

»Wo Westwind, lahmes Gaul!«, schimpft Joe.

»Vorne Jupiter mit Gino und Barolo in kompakter Formation, Turandot mit drei Längen Abstand dahinter, Adlerflug geht innen an Westwind vorbei, Westwind abgeschlagen, Turandot zieht nach, nur noch eine Halslänge hinter Gino, nur noch 400 Meter, es geht in den Schlussbogen hinein, ganz vorne Jupiter, gefolgt von Turandot, dahinter holt Mysterio auf, Turandot, Jupiter, Turandot, Jupiter, Barolo auf der Innenseite, Barolo, Barolo zieht an Turandot vorbei, nur noch 100 Meter, Barolo führt, gefolgt von Turandot und Jupiter, Mysterio abgeschlagen, noch 50 Meter, Barolo führt, eine Halslänge dahinter Turandot, Turandot, Barolo, noch zehn Meter, Barolo geht durchs Ziel, gefolgt von Turandot, dahinter Jupiter. Was hat der Jockey da wieder für ein Finish geritten!«

»Hab ich jetzt gewonnen?« Arjun schaut Oleg und Joe erwartungsvoll an.

»Hm. Nicht direkt.« Joe schaut auf seine Schuhe.

»Aber Barolo war Erster.«

»Na ja, das ist Sache mit Dreierwette: Hast du richtig alle drei, du reich. Hast nur eine, du nix. *Pivo?* Gut, wenn Seele traurig.«

Oleg hält Arjun seinen halbvollen Becher Bier hin.

»Lieber 50 Euro.«

»Is' grad schlecht.«

Arjun wollte die 50 Euro eigentlich nach Malaysia schicken, seine Schwester braucht Schulgeld.

»Komm, wir gehen McDonald's, Oleg zahlt.« Oleg boxt gegen Arjuns Schulter. »Geld kommt, Geld geht, ist wie Wasser, fließt!«

Bei McDonald's kaut Arjun missmutig auf seinem vegetarischen Burger. Oleg und Joe haben schon das zweite Menü vor sich.

»Hmmm, Bacon! Du musst essen Fleisch, macht stark!«

Oleg schmatzt, auf seinem Kinn glänzen Fettreste. Arjun lehnt sich zurück und schließt die Augen. In zwei Stunden müssen sie wieder auf dem Schiff sein, dann geht es nach Rotterdam.

Eine Frauenstimme erhebt sich pöbelnd im Raum, die drei drehen sich um. An der Kassenschlange steht eine zierliche Person mit wallendem schwarzem Haar und sehr engen Jeans.

»Verdammte Scheiße, diese Arschlöcher haben mein Auto abgeschleppt! Das war ein ganz normaler Parkplatz! Und nur wegen diesem Scheißrennen war da auf einmal Halteverbot! Das weiß doch keiner! Verdammt, wie komme ich denn jetzt an mein Auto?«

»Kleine Frau, große Wut. Gefällt mir!«, raunt Oleg. »Autoknast ist Rothenburgsort, kenne ich, von da ist nicht mehr weit bis Schiff.«

»Hey«, ruft Joe zu ihr rüber, »wir müssen da auch hin. Sollen wir uns Taxi teilen?«

Pferde, Seeleute und die Zockerei – Hamburg-Horn

Die Galopprennbahn liegt an einer ganz und gar unaufregenden Ausfahrtstraße zwischen Kettenhotels, Autohändlern und McDonald's. Drumherum rotbraune Nachkriegsbauten aus Backstein. Horn ist wie Atlantis: Nur an einem einzigen Tag taucht es auf aus der Tristesse des Alltags und wird glamourös. Dann aber richtig! Denn hier findet seit 1869 jedes Jahr im Juli das Deutsche Derby statt.

Tja, Horn – ansonsten sieht es eher düster aus mit touristischen Hotspots. Das Theater in der Washingtonallee ist mit 40 Plätzen das kleinste in Hamburg. Im Horner Moor kann man nett spazieren gehen. Der Horner Kreisel ist der Auslaufhafen für alle Tramper nach Berlin oder ans Meer. Und auf Horn reimt sich vieles: Korn, Jähzorn, vorn, Born, Dorn, Heißsporn – das muss reichen.

Wer hingegen einmal echte Seeleute sehen will, der möge zum **Duckdalben** fahren. Die Seemannsmission am Burchardkai, die 2011 als bester Seemannsclub der Welt ausgezeichnet wurde, bietet ein Stückchen Heimat für alle, die ihr Leben eher auf See als an Land verbringen. Hier kann man telefonieren, duschen, einkaufen, und Kaffee und warmes Essen gibt's natürlich auch. Und als Landratte ist man hier ebenso herzlich willkommen! Ich habe im Duckdalben einmal die herzerwärmendste Weihnachtsfeier aller Zeiten erlebt, mit Seeleuten aus aller Welt *Blowin' in the Wind* gesungen und einen auf die Völkerverständigung getrunken – wer also an Weihnachten noch nichts vorhat, der wird sich hier wohler fühlen als in mancher Familie.

Zellmannstraße 16, Waltershof

Tel. 040/7 40 16 61

www.duckdalben.de

Wer die Zockerei auf gehobenem Niveau schätzt, dem empfehle ich einen Besuch im **Casino Esplanade** – das liegt zwar nicht in Horn, gehört aber thematisch eindeutig in dieses Kapitel. Es gibt zumindest in Hamburg kein gehobeneres Etablissement, wo man sich um sein Erspartes bringen kann. Hier stehen zwar auch die Daddelautomaten, die bei Gewinn drei goldene Kirschen anzeigen, aber vor allem wird dostojewskiesk mit mahlenden Kieferknochen auf die Roulettekugel gestarrt. Die Croupiers haben Stil und Benimm, gehobene Kleidung ist Eingangsvoraussetzung. Zur Not kann man sich an der Garderobe gegen Gebühr ein Jackett ausborgen, aber das hat den Hautgout eines Badehosenverleihs – am besten, man hat gleich sein eigenes an.

Stephansplatz 10, Neustadt

www.spielbank-hamburg.de

Das **kleine hoftheater** gibt es in Horn schon seit 25 Jahren, und das 120-Plätze-Haus bietet vorwiegend heitere musikalische Stücke wie *Im weißen Rößl* oder *My Fair Lady* und regelmäßige Lesungen mit Hamburger Stadtgeschichten.

Bei der Martinskirche 2, Horn

Tel. 040/681572

www.hoftheater.de

Hamburg kulinarisch

Man kann dem Hamburger – mit Verlaub – viel vorwerfen, aber nicht, dass er fantastisch kocht. Meine These zur traditionellen hamburgischen Kulinarik: Der Protestant hat es gerne schlicht, sättigend und näher am Geist denn am Leibeswohl. Und so karg wie die Wände lutherischer Kirchen sieht es auch oft auf den Tellern aus. Nicht, dass sie nicht voll wären, aber an der Üppigkeit der Zutaten hapert es doch etwas.

Da ist der Katholik deutlich überlegen, zumindest, was die Küche angeht. Wo Knödel in Soße schwimmen und das Fett vom Braten trieft, da steht garantiert ein Katholik am Herd. Je weiter man vom protestantischen Norden in den mehr und mehr katholisch geprägten Süden Deutschlands vordringt, desto üppiger gefüllt die Teller, desto sahniger die Soßen. Und Hamburg ist – bis auf wenige Enklaven – so protestantisch wie ein Backstein gewordener Reformationstag.

Da es hier aufgrund der klimatischen Bedingungen an Weinanbaumöglichkeiten mangelt, wird vorwiegend Bier getrunken – in Sachen Brauen steht der Hamburger dem Bayern allerdings in nichts nach. Ein kleiner Trost nach all der Schelte: Die meisten Hamburger haben kaum Figurprobleme, das Essen setzt eben nicht so an und der Bierkonsum ist auch weniger ausschweifend als im Süden. Wenn Hamburger doch Herzinfarkte bekommen, dann eher von zu viel Arbeit als vom Übergewicht.

Drei echte Hamburger Spezialitäten will ich dem geneigten Leser nicht vorenthalten …

Labskaus

»Labskaus ist ein Fischgericht / Der Koch kennt den Inhalt, der Verbraucher nicht« – so sang einst der große Rainald Grebe. Inhaltlich ist das allerdings nicht ganz richtig, Fisch ist nämlich gar nicht Teil des eigentlichen Labskaus, sondern wird nur dazu serviert. Labskaus war ein klassisches Matrosen- und Armeleuteessen, schnell, billig und sättigend. Auf den Schiffen gab es haltbares Pökelfleisch, das für die Seeleute mit ihren durch Skorbut geplagten Zähnen kleingehackt wurde, Kartoffeln und der Rest wurden je nach Verfügbarkeit hinzugegeben. Es gibt kaum ein besseres Essen, wenn man einen dicken Kater auszukurieren hat. Hierzu passt der Name: »Labskaus« stammt vermutlich aus dem Lettischen – *labs kausis* bedeutet so viel wie »gute Schüssel«.

Rezept (Zutaten für 2 Personen)

300 g	Corned Beef	1 EL	Milch
1	kleine Zwiebel	2	Gewürzgurken
400 g	Kartoffeln		Salz
2	Eier	1 Glas	Rote Bete
1 EL	Butter	2	Rollmöpse (nach Bedarf)

Die Zwiebel schälen, würfeln und in heißem Öl bräunen. Das Corned Beef in Würfel schneiden und hinzufügen. In der Pfanne zusammenkochen, gelegentlich rühren, damit es nicht anbackt.

Aus geschälten und weich gekochten Kartoffeln, Milch, Butter und Salz einen Brei anrühren und zum Fleisch in die Pfanne geben. Alles gut vermischen und warm stellen. Labskaus je nach Geschmack mit Spiegeleiern, Gewürzgurken, Roter Beete und/oder Rollmöpsen servieren. Man kann auch alles vermischen, was aber der Optik des Gerichts nur bedingt zur Ehre gereicht.

Aalsuppe

Es geht die Kunde, in der Hamburger Aalsuppe befände sich alles, nur kein Aal. Ihre süßliche Note bekommt die Suppe, weil sie traditionell Backobst enthält. Der Name rührt angeblich daher, *dat aal rin in de Supp kümmt*, dass also in die Suppe all das kommt, wofür man sonst keine Verwendung mehr hat – ein typisches Resteessen. Bewiesen ist das nicht, trotzdem findet man immer wieder Speisekarten, auf denen Hamburger Aalsuppe sowohl mit als auch ohne Aal angeboten wird. Auch hier greift wieder der gute Protestantismus: Es wird alles verwertet, denn Lebensmittel wegzuschmeißen ist dekadent und nicht gottgefällig. Im Grunde sehr vernünftig.

Franzbrötchen

Ein Plundergebäck mit Zucker und Zimt, das einer plattgedrückten Schnecke ähnelt und in jeder Hamburger Bäckerei zu erwerben ist: das Franzbrötchen. Zu seiner Beliebtheit trägt wohl auch bei, dass es immer das preiswerteste unter den Süßgebäcken ist. Es gelangte vermutlich während der französischen Besatzung im 19. Jahrhundert nach Hamburg, daher auch der Name. Ein schönes Gerücht besagt, dass die Hamburger, als die Franzosen wieder abgezogen waren, versuchten, die leckeren Croissants, an die sie sich mittlerweile gewöhnt hatten, nachzubacken, was ihnen ohne Kenntnis des Rezepts jedoch nicht gelang. Auf das misslungene Resultat ihrer Bemühungen streuten sie zur Tarnung Zucker und Zimt, und voilà – das Franzbrötchen war geboren!

Der Franzbrötchen Verlag hat diesem Gebäck ein Buch und eine eigene Website gewidmet:
www.franzbroetchen.de

15:00

Rothenburgsort

»Aaargh! Das darf doch nicht wahr sein – schleppen die einfach mein Auto ab! Wegelagerer! Als würde ich nicht schon genug Steuern zahlen! Das Auto stand auf einem ganz nor-ma-len Parkplatz! Auf einmal sind da Halteverbotsschilder wegen irgendwelcher Baumabsägearbeiten! Wer soll das denn bitte schön wissen?« Die Frau mit dem wallenden Haar heißt Susa, stammt aus Kolumbien und wütet im Taxi ungebremst weiter. Oleg, Arjun und Pete hören fasziniert zu.

Der Taxifahrer grinst. »Wenn einer nach Rothenburgsort will, dann weiß ich sofort: Autoknast! Was soll man auch sonst hier wollen?«

»Ist bestimmt teuer, wenn man Auto wiederhaben will?«, erkundigt sich Oleg.

»250, mindestens! Und irgendein verblödeter Hilfsbullenlehrling hat die Schilder so gut versteckt, dass man sie gar nicht sehen konnte!«

Vor dem Autoknast herrscht eine Stimmung wie in einem Krisengebiet. Wütende, tobende, rasende Menschen vor dem Zaun und solche, die sehnsüchtig ihr Auto betrachten oder mit dem Handy telefonierend auf- und abmarschieren. Drinnen in einem Glaskasten sitzt ein müde wirkender Mann am Schreibtisch, hinter ihm ein Regal mit Hunderten von Schlümpfen.

»Da können Sie sich aufregen oder nich', nützen tut's nix«. Mit vollkommener Ausdruckslosigkeit in Stimme und Gesicht sitzt der Mann auf einem Gymnastikball und wippt.

Oleg, Pete und Arjun bleiben draußen auf dem Hof und schauen sich die Autos an. Oleg zeigt auf einen dicken SUV von Audi. »Wenn du hast solche Auto in Ukraina, du bist Mafia. Niemand außer Mafia hat solche Auto – nur Präsident.«

Arjun will sich keine Autos anschauen. Niemand aus seiner Familie hat ein Auto. Seiner Schwester hat er letztes Jahr zum Geburtstag ein Fahrrad geschenkt. »Ich schaue mich ein bisschen um, bin in 'ner halben Stunde wieder zurück«, sagt er.

Olegs und Petes Augen haben sich an einem Porsche festgesaugt, sie hören ihn nicht.

Susa ist derweil in den Glaskasten gegangen. Vor ihr pöbelt ein dicker Mann und hämmert gegen die Scheibe. Er trägt eine schwarze Lederjacke, die bei jedem Schlag gegen die Scheibe leise knarzt. »Ich bin extra mit dem Taxi hierhergekommen, ich hab gleich einen Termin, das ist ja hier wie auf der Wachkomastation, geht das vielleicht mal voran?«

»Immer mit der Ruhe. Wenn Sie Ihr Auto korrekt geparkt hätten, müssten Sie gar nicht hier sein. Und vom Hämmern geht's auch nicht schneller.« Der Mann hinter der Scheibe ordnet Papiere mit der Langsamkeit eines Gletschers. »Führerschein? Fahrzeugpapiere?«

Der hämmernde Mann schiebt die Papiere durch die kleine Durchreiche in der Scheibe.

»Und Sie da können mir Ihre Papiere auch gleich geben.« Er winkt mit Zeige- und Mittelfinger und schaut Susa auffordernd an. Dann vergleicht er ihren Fahrzeugschein mit dem Ausweis und schüttelt den Kopf. »Ich kann Ihnen das Fahrzeug leider nicht aushändigen, das ist ja gar nicht auf Sie zugelassen. Haben Sie eine Vollmacht des Fahrzeughalters, dass Sie das Fahrzeug abholen dürfen?«

Susas Ohren rauschen. Sie krallt sich mit den Fingern in den Hosentaschen ihrer Jeans fest. Sie atmet ein. Sie atmet langsam aus. Es nützt nichts. Bilder von Panzern, zerfetzten Leibern und verkohlten Schlümpfen durchziehen ihr Hirn.

»Sie können mir die Vollmacht zufaxen lassen, das ginge«, hört sie den Mann von ferne sagen. Sie sieht sich selbst aus ihrem Körper treten, die Scheibe mit der bloßen Hand zertrümmernd und dem Mann das altertümliche und vergilbte Faxgerät auf dem Schädel zerschlagen. Dann sieht sie sich lächelnd und mit wehendem Haar in ihrem Auto davonfahren.

Die Stimme hinter der Scheibe holt sie zurück. »Hier ist übrigens nur Barzahlung möglich …«

Der Mann mit der knarzenden Lederjacke knallt zwei Hunderter und einen Fünfziger vor die Durchreiche. »Nächstes Mal lasse ich die verdammte Karre gleich mitten auf einer Kreuzung stehen oder parke quer vor der Krankenwageneinfahrt vom UKE, dann hab ich wenigstens was für mein Geld!«

Arjun schlendert die Straße entlang. An einer zugigen Ecke steigen drei Frauen in bunten Saris aus dem Bus. Sie steuern auf ein unscheinbares, hell gekacheltes Gebäude zu. Am Zaun davor prangt ein riesiges Werbeplakat von Brot für die Welt mit der Aufschrift »Krisenherd«. Links und rechts lagern auf stacheldrahtumzäunten Höfen Autoreifen und zu Stapeln gepackte Alureste. Der Bau liegt am Ende eines vermüllten Hofs, auf dem Zaun davor hocken zerzauste Tauben.

Arjun folgt den Frauen, sie wirken so heimatlich und vertraut. Vor der Eingangstür des Zweckbaus streifen sie ihre Schuhe ab. »Hindutempel« steht in roten Buchstaben auf einem windschiefen Schild auf dem Dach geschrieben.

Drinnen nudelt indische Musik aus einem alten Ghettoblaster, die Räume sind mit Teppichen ausgelegt, Moschus und Sandelholz hängen in Schwaden im Raum. Arjun klingelt die Glocke, die mitten im Raum hängt, und geht auf die Glaskästen mit den knallbunten Gottheiten zu. Die Frauen mit den Schleiern haben sich auf dem Boden ausgebreitet und singen leise mit. Vor Shiva brennt eine Kerze neben einer Schale mit frischem Obst. Arjun hält seine Hände über die Flamme und streicht sich danach übers Gesicht. Zu Hause. Eine der Frauen lächelt ihn an. Hier ist es wie zu Hause.

Susa hockt vor dem Glaskasten und wartet auf das Fax mit der Vollmacht. Alle paar Minuten stampft sie mit dem Fuß auf und flucht. Pete und Oleg sind nicht zu sehen.

Dafür kommt Arjun angelaufen. »Ich zeig dir was, hast du dein Auto?«

Susa rollt mit den Augen. »Gib mir eine Waffe, dann würde das alles schneller gehen!«

»Komm mal kurz mit, das wird dich beruhigen.«

Eine Viertelstunde später sitzt Susa barfuß auf einem bunt gemusterten Teppich und schält eine Mandarine, die ihr eine der Frauen in die Hand gedrückt hat.

»Du musst das Obst zu Ganesha legen, der bringt dir Glück. Ein bisschen Geld nimmt er auch gern.«

Susa schaut dem bunt geschmückten Elefantengott ins lächelnde Gesicht und lässt ein Zwei-Euro-Stück in den Geldschlitz davor gleiten.

Zurück im Autoknast werden die beiden bereits von Oleg und Pete erwartet. Oleg macht eine zweideutige Geste mit den Fingern und schaut Arjun fragend an.

»Ach, Oleg«, sagt Arjun und klopft ihm auf die Schulter.

Der Schlümpfesammler steckt seinen Kopf aus dem Glaskasten.

»Hey Frolleinchen! Sie haben aber Glück – Ihr Auto ist unrechtmäßig abgeschleppt worden. Tschuldigung, kommt auch mal vor! Ihre Vollmacht ist auch gerade gekommen, Sie können es jetzt mitnehmen.«

Idyllen, Golfbälle und der Autoknast – in Hamburgs Südosten

Denkt der Hamburger an Rothenburgsort, fällt ihm wohl tatsächlich zuerst der Autoknast, die **Kfz-Verwahrstelle Hamburg** ein.

Wenn Sie echte Dramen vom Ausmaß griechischer Tragödien erleben wollen, sind Sie hier genau richtig. Aber meistens ist man ja, wenn man schon mal hier ist, auch dummerweise gleich der Hauptdarsteller. Falls es Sie erwischt hat: Sorgen Sie dafür, dass Sie gültige Papiere dabei haben, eine Vollmacht des Halters (falls das Auto nicht auf Sie zugelassen ist) und 262 Euro in bar, EC-Zahlung ist schwierig. Bevorraten Sie sich mit Valium oder anderen Sedativa und lernen Sie Entspannungstechniken. Packen Sie ein gutes Buch ein, nicht unter 600 Seiten. All das werden Sie brauchen.

Ausschläger Allee 179, Rothenburgsort

Es gibt übrigens eine wunderbare Homepage mit sehr lesenswerten Erfahrungsberichten, die von kritischen Geistern und keinesfalls von der Kfz-Verwahrstelle selbst betrieben wird:

www.autoknast.de

Es gibt Orte, da sucht man vergeblich nach nur einem einzigen schönen Gebäude. Rothenburgsort hat etwa fünf bis zehn davon. Kaum einen Stadtteil hat es im Zweiten Weltkrieg derart hart getroffen. Hier zeigt der Hamburger Nachkriegsbau sein uncharmantestes Gesicht, zumindest in Rothenburgsort Downtown. Wenn man auf historischen

Fotos sieht, wie lauschig es hier früher einmal ausgesehen hat, möchte man weinen.

Aber dafür kommen die Freunde des Besonderen hier voll auf ihre Kosten. Die Billstraße beherbergt zum einen den **Hindutempel**, in den interessierte Besucher aufs Freundlichste eingelassen werden – vorausgesetzt, sie lassen die Schuhe vor der Tür und bedecken den Kopf!

Billstraße 77, Rothenburgsort
www.hh-hindugeneration.de.vu

Zum anderen findet sich in der Billstraße auch eine **Shoppingmeile der eher unbürokratischen Art**. In riesigen Lagerhallen entlang der Straße wird alles zum Verkauf angeboten, was man sich nur vorstellen kann, von der Kuscheldecke bis zur Nudelmaschine, vom Generator bis zum Samuraischwert. Zwischen den Hallen lagern auf großen umzäunten Flächen Kühlschränke, Autoreifen und alte Elektrogeräte und warten auf ihren Export nach Westafrika. Beeindruckend ist die ungenierte Nähe zu dem, was man gemeinhin »vom Laster gefallen« nennt, aber da das alles doch sehr offen stattfindet, unterstelle ich mal, es hat schon seine Ordnung. Wer also eine komplette Einrichtung inklusive Kühlschrank und Herd für kleines Geld erwerben will, eine mannshohe Axt oder ein Fahrradschloss, der wird hier garantiert fündig.

In Rothenburgsort findet man neben sehr fotogenen alten Industriebauten, schroffen Brachen und dümpelnden rostigen Kähnen in der Dove Elbe – dem 18 Kilometer langen Nebenarm der Elbe – auch unverhoffte Idylle. Hier liegt die winzige Elbinsel **Kaltehofe** (1,8 Kilometer lang und 520 Meter breit), auf der man im Grunde nichts außer Ruhe und ein paar Vogelbrutstätten findet. Während im Sommer am Elbstrand Hintern an Hintern hockt, hat man die Natur hier garantiert für sich allein.

Auf der Nachbarelbinsel Entenwerder liegt der **Entenwerder Park**, ein lauschiges Fleckchen Erde für Mensch und Hund. Man kann direkt von der grünen Wiese in die Elbe zum Baden gehen, und wer seine kläglichen Sportelversuche ohne bereits gestählte Zuschauer erproben will, kann das hier wunderbar und unbeobachtet tun. Zu erreichen über den Elb-Hauptdeich.

Am südlichen Ende von Entenwerder liegt das kleine, malerisch aus der Zeit gefallene **Entenwerder Fährhaus**, eine solide Gastwirtschaft ohne neumodisches Chichi, und das seit 1872. Im Winter wärmt ein Kamin die Räumlichkeiten, in denen der leicht muffige Charme der 1970er-Jahre noch konserviert ist. Essen gibt es – bis auf den hausgemachten Kuchen – nur auf Vorbestellung, weil drinnen geraucht werden darf. Bei Hunger am besten vorher mal kurz durchklingeln!

Entenwerder 8, Rothenburgsort
Tel. 040/787412

Es soll ja Menschen geben, die spielen Golf. Läuft man durch Rothenburgsort, stößt man *in the middle of nowhere* auf die hochmoderne **Golf Lounge**. Dort stehen Menschen auf mehreren Etagen in einer Art durchgesägtem Gebäude und üben Abschläge. Wenn man mit diesem Sport ähnlich wenig verbindet wie ich, aber Golf spielende Rentnerfreunde hat, kann man hier bei nur geringem Risiko körperlicher Versehrtheit zu säckeweise Golfbällen kommen, um sie anschließend besagten Golf spielenden Rentnerfreunden zu schenken – ich habe mir berichten lassen, die Dinger sind ganz schön teuer. Vorsicht: Nicht zu nah an den Zaun kommen, die Bälle kommen mit Kawumms angeflogen!

Billwerder Neuer Deich 40, Rothenburgsort

Tel. 040/81978790

www.golflounge.de

16:00

Schanze & Karoviertel

Rund um die alte Rinderschlachthalle geht der Flohmarkt gerade zu Ende. Studentinnen mit sonnenverbrannten Gesichtern verschenken noch schnell ein paar Klamotten und alte Blumenvasen. Die professionellen Höker laden ihre Tische und Kommoden wieder in die Transporter. Tapeziertische werden eingeklappt, die Müllcontainer laufen über. Am Waffelstand hat sich eine Schlange gebildet. Gegenüber, in einem Café in der Sternstraße, sitzen zwei Frauen trotz der Hitze mit Strickmützen und monströsen Schals zu Tanktop und ärmellosem Minikleid bei Rhabarbersaftschorle und lesen sich gegenseitig aus Facebook vor. Auf der Treppe hinter dem Schlachthof prügelt ein einsamer Rastamann auf seine Bongotrommeln ein.

Susa hat ihr Auto wieder und stromert zwischen den Ständen herum. Da hinten hat sie eine kleine Ganesh-Figur gesehen, der scheint es ja wirklich zu bringen.

»Oh wie geil, guck mal, Schaufensterpuppen!«, sagt Birte.

Neben drei Damentorsos mit angedeuteten Brüsten und halb geschlossenen Augen steht eine Kiste mit Armen, Händen und Füßen. Zwei Jungs mit Skaterhosen, glitzernden Ketten und in den Nacken rasierten Haarornamenten stehen hinter einem Tapeziertisch. In ihren Gesichtern flaumt ein erster Bartschatten, sie könnten 16 sein, höchstens 17.

»Willstu kaufen? 100 Euro, sind echt antik!«

»Wo habt ihr die her? Die sind cool!«

»Keller, weisstu, meine Oma hat ganz viele davon gehabt und so!«

»Jan, guck mal, die wären der Knaller für meinen Laden! Kikis Klamotten auf den Puppen und dann noch ein bisschen Schmuck auf die Hände, die könnten wir pink lackieren und überall drapieren, wie cool ist das denn!«

Birte umschleicht die Puppen. Eine davon scheint wirklich alt zu sein, aus den Sechzigern vielleicht. In ihren Kopf ist eine Kurzhaarfrisur gefräst, die Birte an Mia Farrow in *Rosemary's Baby* erinnert. An den verschämt gesenkten Lidern kleben echte Wimpern. Birte hebt sie kurz an, die Figur ist schwer und innen hohl. Die ist wunderschön, die muss sie haben! Sie handelt die Jungs auf 50 Euro für alles zusammen herunter. Dann schraubt sie ihre Stimme eine halbe Oktave nach oben. »Du-hu, Ja-han, hast du vielleicht noch einen Fünfziger?«

Die Jungs grinsen und helfen, die Puppen ins Auto zu laden. Jan und Birte wohnen um die Ecke, Hinterhof am Schulterblatt. Dort hat Birte auch ihren kleinen Modeladen. Gestern haben sie keinen Parkplatz gefunden und ihr Auto hier in der Sternstraße abgestellt.

Die Sonne knallt vom ungetrübten Himmel, Birte hüpft aufgeregt auf und ab. »Wie geil, Schaufensterpuppen! Ich wollte schon immer mal Schaufensterpuppen haben, aber die sind so teuer! Ich hab jetzt Schaufensterpuppen, wie cool!«

Jan lächelt milde und legt eine alte Picknickdecke über die Puppen.

»So, komm, wir gehen erst mal ein Eis essen und tragen die Puppen dann nachher hoch, okay?«

Eine kleine Straße im Karoviertel. Die beiden Skaterjungs stehen vor einem Haus und trinken Red Bull.

»Krass, Mann! 50 Tacken für den alten Scheiß! Davon kauf ich mir was für meine Wii«, sagt Artan.

»Die Hälfte von der Kohle is' meine, weisstu!«

Sein Bruder Arsim hält die Hand auf. Da kommt Ardit, der älteste Bruder der beiden, mit rotem Gesicht aus der Haustür. »Ey, wo sind denn die Schaufensterpuppen? Ich war grade im Keller, die sind weg!«

»Flohmarkt, Mann!«, sagt Artan.

»Wie, Flohmarkt? Ihr habt die nicht ernsthaft vertickt? Alter, ich glaub's nicht!«

»Weisstu, ich dachte ...«

Ardit packt seinen kleinsten Bruder am T-Shirt. »Krieg ich jetzt mal 'ne Antwort oder was?«

Als Artan ansetzt, etwas zu sagen, verpasst Ardit ihm eine kräftige Kopfnuss. »Seid ihr bescheuert? Scheiße, Mann, in der einen war mein ganzes Dope drin! Ihr geht die jetzt suchen, ihr Penner! Und ihr braucht nicht eher hier auftauchen, bevor ihr sie nicht gefunden habt!«

Artan und Arsim rennen sofort los. Das Auto war rot, ziemlich sicher, und hatte einen St.-Pauli-Aufkleber mit Totenkopf. Das Polizeiauto an der Sternstraße sehen sie schon von Weitem. Ein paar aufgeregte Anwohner stehen daneben und reden auf die Polizisten ein. »Da ist 'ne Leiche drin, das riecht auch schon so komisch!«, sagt einer.

Die Polizisten leuchten mit einer Taschenlampe in die Heckscheibe. Artan und Arsim bleiben ein paar Meter entfernt stehen und beobachten das Geschehen.

»Ich kann Sie beruhigen«, sagt einer der Polizisten, »das ist eine Puppe. Wir werden den Halter trotzdem mal ermitteln. Und was hier so stinkt, ist die Hundescheiße unterm Hinterreifen.«

Die Polizisten fahren los, die Versammlung löst sich langsam auf. Artan und Arsim schlendern unauffällig zum Auto. Arsim steckt sein Taschenmesser ins Schloss der Heckklappe – gerade in dem Moment, als Birte und Jan um die Ecke kommen.

»Die brechen unser Auto auf!«, ruft Jan und läuft los. »Das sind doch die Jungs vom Flohmarkt!«

Arsim lässt das Messer fallen und rennt los. Jan bekommt Artan an der weiten Hose zu fassen, Artan stolpert, während Arsim in der nächsten Seitenstraße verschwindet.

»Ey, wir wollen die Schaufensterpuppen zurückhaben«, schnauft Artan, der am Boden liegt. Jan kniet über ihm. »Meine Oma hat voll Stress gemacht. Ich geb dir auch die Kohle wieder!« Er pult den 50-Euro-Schein aus der Hosentasche.

»Mmh ... Die könnt ihr gerne zurückhaben, aber die sind inzwischen leider ein bisschen teurer geworden.«

Birte ist bei den beiden angekommen und hockt sich daneben. »300 Euro!«, sagt sie.

»Alder, bist du bescheuert?«, ruft Artan.

»Wir können auch die Polizei holen. Und überleg's dir schnell, sonst wird's noch teurer ...«

Jan schaut Birte von der Seite an. So hat er sie noch nie gesehen, dabei sind die beiden schon seit über drei Jahren zusammen. Gefällt ihm ziemlich gut. »Du hast gehört, was sie gesagt hat, 300 Euro oder Polizei!«

»Okay, okay, aber ich muss erst die Kohle holen!« Im Aufstehen sieht Artan seine Brüder ganz hinten an der Straßenecke stehen. Er grabbelt sein Handy aus der Hosentasche und ruft seinen älteren Bruder an. Als der den Namen auf seinem Display sieht, läuft er Artan entgegen.

»Gibt's Probleme?« Ardit schaut Birte und Jan drohend an.

»Alder, hast du mal eben 300 Euro? Dafür kriegen wir die Dinger zurück, weißt schon! Erklär ich dir alles später, Mann!«

Ardit gibt seinem Bruder eine kräftige Kopfnuss und holt drei 100-Euro-Scheine aus seiner Brusttasche. Birte nimmt die Scheine lächelnd entgegen. Jan schließt derweil das Auto auf, Artan und Arsim hieven Puppen und Körperteile nach draußen. Jeder der Brüder klemmt sich mehrere Puppenextremitäten unter den Arm, und Birte und Jan schauen ihnen nach, als sie in Richtung Karoviertel verschwinden.

»Wer weiß, was da drin war, vielleicht Drogen oder so'n Scheiß! Und wir haben doch ein echt gutes Geschäft gemacht!«, sagt Jan.

Als er das Auto abschließt und sich beide auf den Weg zum Elbstrand machen, bemerkt er nicht, dass unter dem Beifahrersitz ein gut verschnürter kleiner Plastikbeutel liegt.

Galão, Schlumper und die Rote Flora – rund um die Sternschanze

Ich werde der Schanze und dem Karoviertel mit einem so kleinen Textchen natürlich niemals gerecht – also versuche ich's einmal mit freiem Assoziieren: Die **Schanze** ist bunt und punkig, verranzt und schluffig, auf der anderen Seite gibt es schon deutlich versnobte Tendenzen, was besonders am Schulterblatt zu besichtigen ist: Auf der sogenannten Piazza (im Volksmund auch »Galäostrich« genannt) treffen sich hoffnungsvolle Jungunternehmer zum Lunch, während gegenüber, auf den Treppen der Roten Flora, bei Penners die zweite Flasche Korn des Tages geöffnet wird. Die Schanze potenziert sämtliche Strömungen in der Stadt auf kleiner Fläche. Ein typischer Schanzenbewohner aber trägt Adidas-Trainingshosen, Strickmütze, Pilotensonnenbrille und Rock über Hose.

Ich habe mich früher immer gefragt: Was sind das eigentlich für Leute, die schon frühmorgens am Schulterblatt beim Kaffee sitzen, haben die etwa ähnliche unseriöse Berufe wie ich? Viele traf ich dann auf Schulfesten und Elternabenden wieder – die Schanze wird erwachsen, trotz ihrer unschlagbaren Coolness.

Aber man kann die Uhr danach stellen: Wenn es irgendwo in Hamburg brennt – sei es wegen des Ausgangs eines St.-Pauli-Rostock-Spiels, des Schanzenfests oder eines anderes Events mit politischem Geruch – es endet immer in der Sternschanze, immer mit massivem Wasserwerferaufgebot und immer mit zertrümmerten Scheiben von Banken und Apple-Stores. Die Schanze ist eine heimliche Verabredung zum Krawall, trotz der aufkommenden

Neobürgerlichkeit. Vielleicht liegt es an der Roten Flora, dem trotzig vor sich hinschimmelnden alten Konzerthaus, seit über zwei Jahrzehnten ein autonomes Zentrum, was wohl auch so bleiben wird.

Die Schanze gehörte früher zu St. Pauli, seit 2009 ist sie hochoffiziell ein eigener Stadtteil. Und das merkt man tatsächlich: Vom Kiez kommend ändert sich ab Höhe Neuer Pferdemarkt ganz allmählich die Atmosphäre – das Olle, das Gefühl, bei einer müffelnden, ordinären und schon leicht angesoffenen älteren Lady in der Polstermöbelgarnitur zu versinken, weicht dem Eindruck, in die bunte, bisweilen auch hysterisch jugendliche Welt eines abgerockten Peter Pan geraten zu sein. Ein Laden mit Schnickschnack, bedruckten Klamöttchen, hippen Taschen und viel, viel nostalgischem Vinyl reiht sich an den nächsten, dazwischen Bars und Imbisse, alles und jedes ein Versprechen der totalen Einzigartigkeit. Wenn mein Besuch – egal mit welchen Vorlieben – nach Shoppingtouren plärrt: Wir landen immer in der Schanze. Und tragen Tüten voll aufregender Dinge nach Hause, die es nur hier gibt. Oder essen etwas, das es nur hier gibt. Und sehen dabei Leute, die es nur hier gibt.

Die folgende vergleichsweise winzige Liste mit meinen Schanzen-Lieblingsorten (ich weiß, es fehlt an allen Ecken, aber so viel Platz hab ich nicht!) beginnt mit meiner Lieblingsbuchhandlung in Hamburg: **cohen + dobernigg** am Schlachthof. Nicht nur, dass sie wunderbar sortiert ist und neben einer feinen Belletristikauswahl und prächtigen Kinderbüchern auch noch die grandiosen Bastelbögen der edition8×8 verkauft, nicht nur, dass man regelmäßig auch über abseitigere literarischen Perlen des Monats informiert

wird und hier Lesungen stattfinden – es ist einfach so heimelig hier. Und die Betreiber gehören unbestritten zu den nettesten Menschen der Welt!
Sternstraße 4, Sternschanze
www.codobuch.de

Der samstägliche Flohmarkt rund um die alte Rinderschlachthalle heißt **Flohschanze** und ist eine angenehme Mischung aus alten Verkaufshasen, Vinylplattennerds und jungen Dingern, die es endlich mal geschafft haben, den Keller leer zu räumen. Man findet immer ein echtes Schnäppchen, es wird nicht gerangelt und die Atmosphäre ist sehr entspannt.
Samstag, 8–16 Uhr,
direkt gegenüber der U-Bahn-Station Feldstraße

Das nordfriesische Wort *Schlump* bezeichnet nicht nur einen Teil von Eimsbüttel, sondern einen unerwarteten Glücksfall – und genau das trifft auf die kleine **Galerie der Schlumper** zu. Sie bietet 22 Künstlern mit unterschiedlichen Behinderungen Atelierplatz und Ausstellungsraum. Dank des 1985 gegründeten Fördervereins Freunde der Schlumper und der Behörde für Arbeit, Gesundheit und Soziales wurde 1993 schließlich das Arbeitsprojekt *Schlumper von Beruf* ins Leben gerufen. Alle hatten nun die Chance, mit ihrer besondere Begabung Geld zu verdienen. Und wenn besondere Menschen malen, entstehen besondere Bilder – diese hier sind grandios, ganz ohne Behindertenbonus!
Alte Rinderschlachthalle Hamburg, Eingang B,
Neuer Kamp 30, Sternschanze
www.schlumper.de

Eine prächtige Feierabendkneipe direkt am Schlachthof ist der **Feldstern**, in dem jeden Dienstag um 21:21 Uhr der Musik-Quickie und jeden Mittwoch um 22:02 Uhr der Literatur-Quickie stattfinden, feine Drei-Song- bzw. 17-Minuten-Text-Veranstaltungen mit Hamburger Wort- und Tonkünstlern.
Sternstraße 2, Sternschanze
www.feldstern.net, www.musik-quickie.de, www.literatur-quickie.de

Der **Saal II** ist seit vielen, vielen Jahren meine Konstante in der Schanze – ein verlässliches, schluffiges, absolut uneitles Etablissement für Frühstück und nächtliches Einkehren. Faire Preise und Raucherzimmerchen – alles was man braucht.
Schulterblatt 83, Sternschanze

Die **Taverna Olympisches Feuer** ist der Klassiker unter den Schanzenrestaurants – solides griechisches Essen zu prima Preisen und die Anlaufstelle schlechthin, wenn man nach St.-Pauli-Spielen dringend eine warme Mahlzeit braucht. In der **O-Feuer-Bar** kann man auch die Auswärtsspiele gucken und rauchen, und Cocktails zaubern können sie hier auch!
Schulterblatt 36, Sternschanze
Tel. 040/43 55 97
www.olympisches-feuer.de

Das **Cafe unter den Linden** ist der perfekte Ort für Flaneure mit Abitur und besitzt den schönsten Sommergarten weit und breit. Alle sind hier irgendwie Künstler – zumindest weht dieser Hauch durch die puppenstubenartig tapezierten gemütlichen Räume. Prächtige hausgemachte Kuchen und ein breites Tagespresseangebot.

Juliusstraße 16, Sternschanze

Tel. 040/438140

www.cafe-unter-den-linden.net

Ein bisschen ab vom Schuss, will sagen, nicht auf der direkten Rennpiste, liegt der zauberhafte Laden **TThoch3** (die Chefin heißt Tonja Tietjen, daher der Name), ein Sächelchen-, Dingelchen- und Tüdelüt-Paradies erster Kajüte. Prachtvoll ist die kleine Abteilung mit Fußballfanbedarf!

Beim Grünen Jäger 10, Sternschanze

www.tthoch3.de

Ein paar Schritte weiter, offiziell aber schon in St. Pauli kann man feine Konzerte und verwegene Konservenmusik im **Grünen Jäger** goutieren, einem verwunschenen kleinen Häuschen mitten auf der grünen Wiese. Das Publikum ist zwar manchmal erschütternd jung, aber das stört auf St. Pauli keinen großen Geist – man kann hier auch noch mit über 30 seinen Spaß haben. Hübsch bizarr ist die Poptrash-Party *Entdeck the Dreck*. Und einen großen Biergarten gibt's auch!

Neuer Pferdemarkt 36, St. Pauli

www.gruener-jaeger-stpauli.de

Das **Karolinenviertel** – vom Schanzenviertel sauber durch das Gelände rund um die alte Rinderschlachthalle getrennt – gehört, obwohl weiter entfernt als die Schanze, ebenfalls noch zum Stadtteil St. Pauli. Es ist geschlossener, kleinteiliger und riecht noch sehr nach dem Proletariertum vergangener Zeiten. Die Marktstraße ist die unbestrittene Avenue, in der es die schönsten, irrwitzigsten Läden von ganz Hamburg gibt. Trotzdem hat das Karoviertel eine Dörflichkeit, die der Schanze abgeht. Man kennt sich, wohnt gemeinsam in Wohnprojekten, die Kinder gehen in die gleiche Schule – irgendwie geht es hier etwas ruhiger zu. Das aber glücklicherweise ohne ideologisch verhämmerten Bionadefanatismus. Vielleicht liegt es an den älteren Leuten, die man in der Schanze kaum noch sieht. Vergleicht man die beiden Viertel – ganz pathetisch! – mit dem Beziehungsleben, gleicht die Schanze eher dem Rausch des Verliebtseins, das Karoviertel aber dem Einlassen auf das, was danach kommt.

www.karolinenviertel.de

Senator Watrin gehört zweifellos zu den verschrobensten Einrichtungen in Hamburg. Die bizarre Mixtur aus Privatsammlung, Galerie und Laden ist einzigartig und Stephan Watrin ein Ereignis – einfach mal hingehen! Mehr verrate ich nicht.

Marktstraße 29, Karoviertel/St. Pauli

www.senatorwatrin.de, www.stephanslust.de

Ein Geheimtipp ist das **Elternhaus** schon lange nicht mehr, trotzdem habe ich Bedruckte-T-Shirts-Hasserin den Laden mit den bedruckten T-Shirts tief ins Herz geschlossen. Weil sie so intelligent sind. Weil sie so wahr sind. Und dabei so schlicht poetisch, sei es »Denken hilft«, »Arbeit macht Arbeit« oder »Furchtlos wird's golden«. Prima Sache!

Marktstraße 29, Karoviertel/St. Pauli

www.elternhaus.com

Der formvollendetste, bestsortierte und zugleich verschrobenste Herrenausstatter in ganz Hamburg ist ungeschlagen **Herr von Eden** – allein die Räume sind ein Fest fürs Auge. Hier bekommt der geneigte Käufer erlesene neue und Vintage-Anzüge und all den Kleinkram, der für den großen Auftritt sonst noch nötig ist.

Marktstraße 33, Karoviertel/St. Pauli
www.herrvoneden.com

Eine wunderbare Zweckentfremdung findet bei **Lockengelöt** statt – Vinylplatten werden zu Handtaschen, Jugendbücher zu Garderobenleisten und Sinnloses wird Kunst. Alles in Handarbeit – großartig!

Marktstraße 119, Karoviertel/St. Pauli
www.lockengeloet.com

Bei einem Gang durchs Karoviertel landet man immer früher oder später im **Café Oriental**. Und es sieht genauso aus, wie man es sich vorstellt – gemütliche Nischen, Teppiche, ziselierte Lämpchen – und was prima ist: Man kann hier bis zur Abenddämmerung noch frühstücken.

Marktstraße 21, Karoviertel/St. Pauli
Tel. 0 40/42 10 29 95

Wunderbar essen kann man bei **Cento Lire**, einer gemütlichen und stilechten Trattoria an der Ecke Marktstraße/Karolinenstraße. Zu bezahlbaren Preisen bekommt man hier ganz viel Feines!

Karolinenstraße 12, Karoviertel/St. Pauli
Tel. 0 40/41 35 91 77
www.100lire.de

Potomek ist das Bekleidungsfachgeschäft meines Vertrauens. Wenn ich fürs Gemüt mal etwas Hippes brauche, das trotzdem noch erwachsen aussieht, dann finde ich es immer hier – mal ein Skunkfunk-Kleid, mal 'ne Tasche, mal eine prächtige Jeans. Und die Chefin ist auch dann noch freundlich, wenn nach einer Stunde Hosenanprobieren der Laden in Trümmern liegt und man stattdessen nur ein Portemonnaie kauft.

Marktstraße 114, Karoviertel/St. Pauli

17:00

Elbstrand

Hundi rennt freudig auf einen Pulk Golden Retriever zu. Kalle kommt kaum hinterher. Nasser Sand spritzt hinter den Hundepfoten hoch, Mädchen mit schulterfreien Tops reißen ihre Biergläser an sich und kreischen erschrocken auf. Die Elbe glitzert in der Sonne, gemächlich schiebt sich ein Containerschiff ins Bild. Es riecht nach Salzwasser und Grillwurst, Füße stecken im Sand.

Hundi rennt und rennt, bis nur noch eine schwanzwedelnde Silhouette gegen die Sonne zu erkennen ist. Kalle setzt sich auf den warmen Sand und macht sich eine Dose Bier auf. Hundi wird schon wiederkommen, er weiß ja, wo er hingehört. Niemand hier behandelt Kalle wie einen Penner. Zwei Mädchen mit kurzen Hosen laufen dicht an ihm vorbei, eine lächelt ihn an. Kalle wartet. Ein paar Meter weiter wagen zwei Kleinkinder ein paar tapsige Schritte, ihre Mütter cremen Sunblocker nach. Dicht an der Flutschutzmauer schlägt ein Grüppchen Studenten eine Picknickdecke auf und heizt den Grill an. Kalle wartet. Von Hundi ist nichts zu sehen.

»Hey … ja, du – willst du auch? Wir haben zu viel gekauft.« Ein junger Mann mit Strohhut hält Kalle einen

Pappteller mit Gegrilltem hin. Kalle revanchiert sich mit zwei Dosen Bier aus seiner Plastiktüte.

Jan und Birte schlendern vorbei. Birtes Haare und Batikhosen wehen, sie bleiben zwischen Kalle und der Sonne stehen und knutschen. Kalle sitzt im Schatten der Pärchenfinsternis. Langsam wird er unruhig. Hundi war noch nie so lange allein weg.

Hinter dem Strand steigt ein bewachsener Hang an. Mitten im Grün blitzweiße Villen mit riesigen Veranden. Sie sind so knallweiß, dass es Kalle in den Augen schmerzt. Wie mit Chlorreiniger geschrubbt. Die wirklich Reichen, bei denen ist alles weiß, denkt sich Kalle. Hundi ist in diese Richtung verschwunden. Kalle steigt die Anhöhe hinauf. Im schmiedeeisernen Gartenzaun einer Villa findet er eine kleine Tür, die nicht verschlossen ist. Leise und aufrecht betritt Kalle den Garten, soll ja bloß niemand denken, dass er hier einbrechen will. Zu akkuraten Kugeln geschnittene Buchsbäume flankieren einen Kiesweg, der auf das Haus zuführt. Zwei leere Liegestühle stehen auf dem gepflegten Rasen, eine gläserne Flügeltür steht weit offen.

»Hallo! Haaa-lloo! Ist mein Hund vielleicht hier?«

Niemand antwortet, es ist kein Mensch zu sehen. Kalle lugt vorsichtig ins Haus. Drinnen stehen zwei weiße Sofas auf einem matt schimmernden, gut geputzten Steinfliesenboden. Auf dem Tisch thront eine riesige Vase, die vor weißen Blumen überquillt. An den Wänden hängen dunkle Ölgemälde in goldenen Rahmen, Segelschiffe sind darauf zu sehen, auf einem Bild erkennt Kalle dieses Haus, vor dem eine Kutsche mit zwei Pferden steht.

»Wie sind Sie denn hier reingekommen? Bei uns ist es üblich, zuerst vorne an der Tür zu klingeln! Würden Sie mir bitte verraten, was Sie hier zu suchen haben?«

Kalle dreht sich erschrocken um.

Er hat die Frau nicht kommen hören, die sich matronenhaft vor ihm aufbaut. Sie mag vielleicht 60 sein, trägt ein weites weißes Kleid und eine riesige Kette aus bunten Glasperlen, die bei jedem Wort über ihrer Brust hüpft.

»Entschuldigung, Madam! Ich suche meinen Hund, ich wollte ganz bestimmt nicht einbrechen.«

»Hier ist kein Hund«, sagt sie scharf, »also, würden Sie jetzt bitte mein Haus verlassen!«

Kalle kramt in seiner Plastiktüte und holt eine Bierdose heraus. »Wollen Sie vielleicht ein Bier – als Wiedergutmachung?«

Die Frau zieht eine Augenbraue nach oben und mustert diesen jungen Kerl mit fleckiger Hose. »Nein, danke, behalten Sie Ihr Bier mal lieber selber. Sagen Sie … was wollen Sie denn jetzt machen, wegen Ihres Hundes? Wie sieht er denn aus?«

Kalle zieht ein sehr verknicktes Foto aus seiner Hosentasche, man kann kaum etwas darauf erkennen. Ein schwarzes, wuscheliges Geschöpf, dessen überblitzte Augen geisterhaft in die Kamera blicken.

»Das tut mir sehr leid, den habe ich nicht gesehen … aber möchten Sie vielleicht eine saubere Hose haben? Das soll jetzt bitte nicht anmaßend klingen, wir haben nur gerade ein paar alte Sachen meines Mannes für die Kleiderspende aussortiert, und vielleicht …«

»Eigentlich hätte ich lieber meinen Hund zurück, aber eine neue Hose ist auch nicht schlecht …«

Diese Reichen sind komisch, denkt sich Kalle, als er die Frau im Flur in ein paar Plastiksäcken kramen hört. Wenn man bei ihnen im Wohnzimmer steht, sind sie viel freundlicher als auf der Straße. Wenn er schnorrt, bekommt er von solchen Leuten nie was.

Er schaut durchs gegenüberliegende Fenster auf die Elbchaussee. Von Weitem sieht er unzählige Radfahrer vorbeisausen.

»Heute ist Radrennen, da fährt auch mein Schwiegersohn mit. Treiben Sie Sport?« Die Frau hält zwei tadellose, akkurat gefaltete Hosen in den Händen.

»Nicht direkt«, sagt Kalle, ohne seinen Blick vom Fenster abzuwenden. Er ist sich nicht sicher, ob er nicht gerade Hundi da draußen gesehen hat. Ein wedelnder Hundeschwanz taucht immer wieder zwischen den sirrend vorbeirasenden Rennrädern auf, aber so genau kann er das nicht erkennen.

»Wie komme ich am schnellsten auf die Straße? Ich glaube, da draußen ist mein Hund.«

»Das wünsche ich Ihnen, dass Sie ihn schnell wiederfinden!« Die Frau drückt ihm die Hosen in die Hand und schiebt ihn sachte zur Haustür. Kalle rennt zur Straße und pfeift. Hundi kommt ihm schwanzwedelnd entgegengelaufen. Kalle zieht ihn am Ohr.

»Mach das nicht noch mal, du Penner!« Dann drückt er den Hund an sich.

Seine alte Hose sieht wirklich nicht mehr gut aus, außerdem stinkt sie nach Bier. Kalle bückt sich hinter einem parkenden Auto und zieht eine der neuen Hosen an. Sie passt und sieht richtig gepflegt aus. Er hat schon lange keine neue Hose mehr gehabt. Er betrachtet sich in der Autoscheibe und steckt die Hände in die Hosentaschen. In der linken Tasche fühlt er Papier. Er zieht einen bankfrischen 50-Euro-Schein heraus. Diese Reichen sind einfach komische Leute, denkt er sich.

Treppen, Perlen und ein Römischer Garten – am nördlichen Elbstrand

Der Elbstrand im Sommer ist einfach das Schönste, was es in Hamburg gibt. Streng genommen ist er nichts weiter als ein breiter Sandstreifen vor einem Fluss mit fragwürdiger Wasserqualität, über den sich tagtäglich Dutzende dicke Pötte schieben.

Tatsächlich ist es aber immer ein kleiner Urlaub, dort im warmen Sand zu sitzen, ein Bierchen in der Hand, aufs Wasser zu schauen und sich vorzustellen, dass dieses Schiff da vorne gerade aus China kommt oder nach Kanada fährt – Zuhause und Fernweh am selben Ort. Der Elbstrand beginnt in Övelgönne, einer kleinen Ansiedlung sehr malerischer Kapitäns- und Lotsenhäuschen. Von dort aus kann man wunderbar immer am Wasser entlang bis nach Blankenese schlendern.

Hier sind sie alle – grillende Familien, Hundebesitzer, Flaneure, Zausel und Gegelte, und irgendwann landen viele von ihnen an der **Strandperle**. Die ist eigentlich kaum mehr als eine Bretterbude, aber hier einmal kurz einzukehren, das gehört dazu.

Övelgönne 60, Othmarschen

www.strandperle-hamburg.de

Hier findet übrigens im Sommer ***Poets on the Beach*** statt – kleine feine Lesungen Hamburger Autoren vor großer Elbkulisse.

Termine und Autoren:
www.writersroom.de

Direkt auf dem Fähranleger Teufelsbrück liegt das **Restaurant Engel**, schwimmend und schwankend wie ein großes Hausboot. In der oberen Etage kann man fein speisen – mittags Kuchen, abends Warmes – und in der unteren ist ein Imbiss für den Grillwurstbedarf. Der Ausblick ist fantastisch!

Landeanlage Teufelsbrück, Nienstedten
Tel. 040/824187
www.restaurant-engel.de

Das **Treppenviertel** in Blankenese, das an der Straße Am Kiekeberg beginnt, sieht aus wie eine pittoreske Mischung aus Skandinavien und Toskana: Kleine Häuschen kleben am Elbhang, durchzogen von verwinkelten Gässchen und Sträßchen. Ich bitte, meine Verniedlichungen zu entschuldigen, aber das ist alles so derart lauschig und puppig, man möchte fast sagen: »Oh, wie süüüß!«

Hier sind übrigens 5.000 Stufen und 88 Höhenmeter zu *wuppen* – für Hamburg also schon fast so etwas wie die Alpen. Daher bitte an feste Schuhe denken.

Der **Römische Garten** in Blankenese ist eine versteckte kleine Perle, ein kultiviertes Stückchen Grün, mit seinen verschiedenen treppenförmig angelegten Ebenen erinnert er an ein antikes Amphitheater. Der Bankier Moritz Warburg ließ die schon vorhandene Gartenanlage Ende des 19. Jahrhunderts erweitern, und die Familie Warburg schenkte den Garten Anfang der 1950er-Jahre schließlich der Stadt Hamburg.

Im Römischen Garten kann man einfach keine Zeitung wie die *Bild* lesen, besser ist die *Süddeutsche*, am allerbesten die *Zeit*. Der Blick auf Hafenkräne und Containerschiffe ist ein wunderbarer Kontrast zu den barock gestutzten Hecken und den steinernen Treppen mit moosüberwuchertem Ornament. Der Weg zum Römischen Garten ist etwas beschwerlich und es geht so steil bergauf wie kaum anderswo in Hamburg – also auf jeden Fall feste Schuhe tragen!

Falkensteiner Ufer 45, Blankenese

Das **Falkensteiner Ufer** unterhalb von Blankenese und Rissen ist mein erklärter Hamburger Lieblingsstrand. Er liegt recht weit ab vom Schuss, was den Vorteil hat, dass man dort nicht dicht an dicht sitzt, wenn die Sonne scheint. Man kann den Hund mitnehmen (ein bestimmter Abschnitt ist Hundestrand), man kann baden, und wenn man nicht gegenüber das andere Elbufer sehen würde – man könnte glatt glauben, man wäre am Meer.

Seit 1952 werden am **Willkomm-Höft** in Wedel sämtliche ein- und auslaufenden Schiffe mit der jeweiligen Nationalhymne und in der Landessprache begrüßt. Dazu gibt es ein paar Infos über das jeweilige Schiff. Das Spektakel ist täglich ungefähr 50-mal zu bewundern und gibt einem ein Gefühl dafür, was es eigentlich mit dem viel zitierten »Tor zur Welt« auf sich hat. Im **Schulauer Fährhaus**, einem soliden hanseatischen Restaurant und Café, das direkt neben der Anlage liegt, kann man zur Begrüßungszeremonie hausgemachten Kuchen genießen. Beides liegt übrigens bereits in Schleswig-Holstein, aber direkt an der Grenze zu Hamburg.

Parnaßstraße 29, Wedel

Tel. 0 41 03/9 20 00

www.schulauer-faehrhaus.de

Was ist eigentlich hanseatisch?

Als »Hanseaten« bezeichnete man ursprünglich ein Mitglied der Oberschicht jener Städte, die dem Handelsbund der Hanse (12.–17. Jahrhundert) angehörten. Landläufig stellt man sich aber unter einem Hanseaten einen gutsituierten Herren mittleren Alters vor, korrekt gekleidet, distinguiert, manchmal etwas unterkühlt, aber stets höflich und in allen denkbaren Situationen gentlemanlike – ob beim Staatsempfang oder in der Eckkneipe.

Das Kühle, das man den Hamburgern oft nachsagt, gründet sich auf eine Art Vorschussmisstrauen – man hat in der Hafenstadt einfach schon zu viel erlebt. Fremde in eigenen Kreisen werden erst einmal in einen kleinen verbalen Schlagabtausch hineinmanövriert, und wenn sie parieren, haben sie diese Runde gewonnen und dürfen bleiben. Vorerst. Die Annäherung an den Hanseaten vollzieht sich in vielen kleinen Wettbewerben. Dabei wird immer die Form gewahrt, aber geschenkt wird einem hier nichts. Wenn man jedoch einen Hanseaten für sich gewonnen hat, dann muss man schon eine Menge Unfug treiben, um ihn zu vergrätzen. Hat man das wiederum geschafft, dann ist der Fisch geschuppt, dann sind die

Türen so final und fest geschlossen wie auf dem Hamburger Stadtwappen.

Ende des 18. Jahrhunderts charakterisierte der politische Literat Jonas Ludwig von Heß den Hanseaten sehr treffend: »Was ihm höher schien, wollte er aus Trotz, was ihm niedriger war, aus Verachtung nicht kennen.« Dementsprechend sind nicht alle Hamburger Hanseaten, obwohl es viele für sich in Anspruch nehmen; Hanseat zu sein, bezeichnet einen bestimmten Lebensstil. Dazu gehört, Orden und Ehrungen – die »Auszeichnungen fremder Herren« – prinzipiell nicht anzunehmen (Helmut Schmidt lehnte schon mehrfach das Bundesverdienstkreuz ab). Stattdessen gibt der Hanseat gerne den Mäzen, sorgsam darauf achtend, dass das soziale Gefälle gewahrt bleibt. Er betrachtet vieles so wie im Zoo – interessiert, distanziert und mit der beruhigenden Gewissheit, auf der anderen Seite, der besseren, des Gitters zu stehen. Manche Hanseaten sind sogar wahre Bescheidenheitsprotzer, ihre Großzügigkeit dünkelhaft, und nur der leise Humor und die schlaue Selbstironie lassen sie dabei trotzdem sympathisch erscheinen.

Ebenso wird sehr fein unterschieden, wer geborener oder gebürtiger Hamburger und wer ein *Quiddje* ist. Gebürtige sind jene, die in Hamburg geboren sind, dazu braucht es ja nicht viel. Bei geborenen Hamburgern hingegen kamen schon die Eltern und bestenfalls auch noch die Generationen davor in Hamburg zur Welt. Und *Quiddjes* sind die Zugereisten – selbst wenn man schon 50 Jahre in Hamburg lebt, wird man immer der *Quiddje* bleiben. Und das ist keinesfalls beleidigend gemeint – nur soll diese kleine Unterscheidung doch bitte gewahrt bleiben.

In *Meyer's Conversations-Lexicon* von 1923 heißt es: »Die höheren Stände Hamburgs charakterisiert eine gewisse Ausländerei, besonders eine blinde Vorliebe für Frankreich und vor allem für England und alles, was englisch ist [...], während man die deutschen Interessen kaum eines flüchtigen Hinblicks würdigte.« England wurde von den Hanseaten im 19. Jahrhundert als politisch stabil, liberal und geschäftstüchtig verehrt – so wollte man auch sein. Und Hamburg ist bis heute *very british*, was sich nicht nur in der Sprache widerspiegelt. Der Hamburger sagt *Breegen* zum Hirn, was deutlich an das englische *brain* gemahnt, und das Wort *Reep*, ein dickes Schiffstau, erinnert an das englische *rope*.

Die Anglophilie findet auch Ausdruck in den sportlichen Vorlieben der Hanseaten: für Ruderregatten, Hockey und Pferderennen. Der Hamburger Ruderclub ist der älteste in Deutschland und das Deutsche Spring- und Dressurderby eines der führenden der Welt. Auch Kleidung, Understatement, Humor und die Wahl der Vornamen lassen auf die Hamburger Englandbegeisterung schließen. So finden sich viele Schilder alteingesessener Firmen im Portugiesenviertel oder der Speicherstadt, die auf Vorbesitzer mit Namen wie Percy Kröger oder James Hansen verweisen.

In Hamburg herrscht eine Grundhöflichkeit vor. Zu rempeln und zu pöbeln ist zutiefst unhanseatisch. Es wird sich bedankt, geschubst und gedrängelt wird höchstens mal im Stadion oder abends auf der Reeperbahn – dann sind es aber auch meist die Touristen. Manchmal bekomme ich Besuch aus Süddeutschland (was aus Hamburger Perspektive schon südlich der Elbe beginnt) und muss kulturvermittelnd tätig werden, denn oft werden die hanseatische Kühle und Unhöflichkeit miteinander verwechselt. Wenn beispielsweise eine Verkäuferin pampig und einsilbig das Wechselgeld hinknallt, kommt sofort der Kommentar: »Diese Unfreundlichkeit, das ist doch typisch hanseatisch!«

»Nein«, sage ich dann, »das war einfach nur eine blöde Kuh!«

Wenn hingegen eine ältere Dame im tadellosen Kostümchen und mit majestätischer Geste den Kackehaufen ihres Pudels eintütet und entsorgt, damit ihr schönes Hamburg sauber bleibt – DAS ist hanseatisch!

18:00

St. Pauli

Das alte Haus sieht aus als trüge es ein Korsett. Eingezwängt in Stahlgerüste thront es über dem kopfsteingepflasterten Platz. Ein paar Jungs spielen Fußball, aus der Kneipe gegenüber fährt der Zug nach Nirgendwo. Eine kehlige Männerstimme singt vor der Tür mit. Kalle kommt vorbei und pfeift ein paar Takte dazu, Hundi trottet müde hinter ihm her. Neben dem eingerüsteten Haus klafft eine tiefe Baugrube, Bagger stehen still und planlos herum. Vor der Haustür hat sich eine Schlange gebildet.

»Früher war das ja immer so dreckig hier. Aber jetzt würde ich auch gern auf St. Pauli wohnen!«, kiekst eine junge Frau in kniehohen Reiterstiefeln.

»Weiß hier jemand, ob das Maklercourtage kostet?«

»Die Schnatze da vorne hat bestimmt schon eine Bürgschaft von Papa in der Tasche«, raunt es von hinten. Auf der Bank vor dem Haus sitzen zwei Männer mit suffzerfurchten Gesichtern. Walter trägt eine Mütze mit dem Wappen des FC St. Pauli, Erwin versucht, sein Bier vor einem heranstürmenden Hund in Sicherheit zu bringen. Mit der einen Hand greift er nach der Flasche, mit der anderen krault er das zottelige Tier.

»Ich bin nämlich Hundekrauler, weißt du …«

»Wie viele Berufe hast du denn noch, Erwin? Hundekrauler, Biertrinker, Dummeszeugerzähler, du bist ja ’n richtiges Multitalent!«

Beide lachen rasselnd.

»Wo ist denn eigentlich dein Hund?«

»Der ist arbeiten.«

»Na, einer muss ja das Geld verdienen!«

Ein Mann im schwarzen Anzug und Krawatte, dessen Bäckchen mit seiner Gelfrisur um die Wette glänzen, baut sich vor der wartenden Menschenschlange auf.

»Ich nehme an, Sie sind alle zur Wohnungsbesichtigung hier. Mein Name ist Niklas von Oosten, ich bin der Makler. Der Eigentümer ist gerade dabei, dieses Haus zu sanieren, die schöne Gründerzeitfassade wird aufwändig restauriert, die Rückseite wurde bereits wärmegedämmt, was eine deutliche Heizkostenersparnis für alle Mieter bedeuten wird. Wie Sie sehen, wird hier nebenan gerade eine Tiefgarage gebaut. Die Miete passen wir der Aufwertung entsprechend an, aber dafür wohnen Sie dann ja auch im angesagtesten Viertel der Stadt.«

Währenddessen im zweiten Stock. 15 Menschen drängen sich in dem stuckverzierten Raum zwischen prall gefüllten Müllsäcken. Die Vorhänge sind zugezogen.

»Ach du Scheiße! Da stehen fast 100 Leute!«, sagt Jan, der durch einen kleinen Spalt in der Mitte lugt.

»Okay, jetzt mal cool bleiben!«, sagt einer aus der Gruppe. »Alle startklar? Geht schon mal auf eure Positionen. Wenn die gleich reinkommen, geht’s los! Von wegen angesagtes Viertel …«

Draußen macht Walter sein fünftes Bier heute auf. »Seid ihr alle so scharf auf die Wohnung von Dieter?«, grölt er der Menschenmenge zu. »Da hat früher nämlich der Dieter gewohnt, das war mein Kumpel. Da hat's auch mal gebrannt, beim Dieter, da ist der olle Sack mit seiner Kippe eingepennt und wäre fast mit dem Sessel abgefackelt. Da guckste!«

Er steht auf und schwankt auf die Frau mit den Reiterstiefeln zu. Sie mustert ihn und dreht sich wortlos weg.

»Stink ich, oda was?«

»Jetzt hau ab, du Penner, und lass die Frau in Ruhe!«, mischt sich ein adretter junger Mann im rosa Lacoste-Poloshirt ein.

Walter lässt sich nicht beirren. »So'n Loch war danach im Sessel.« Er formt mit seinen gelben Händen einen schallplattengroßen Kreis. »So groß war das! Und da hat er dann sein Geld drin versteckt! Der hat immer auf seinem Geld gesessen, der Sack!«

Herr von Oosten öffnet die Haustür, die Menge strömt nach und nach hinein.

Im Flur ist es dämmrig. Irgendwas riecht nach Fäulnis. Und nach nassem Hund. Herr von Oosten hämmert auf verschiedene Lichtschalter ein, ohne Erfolg.

»Iiiiih, was ist das denn?«, kreischt eine helle Stimme. »Ich bin gerade in was reingetreten!«

»Moment«, sagt eine Männerstimme, »ich hab 'ne Taschenlampen-App.«

Der Lichtkegel wandert über zertretene Eier, altes Obst, gebrauchte Windeln und Zigarettenkippen. Von oben ist Geschrei zu hören. »Du Nutte, ich will mein Geld zurück!«

Es klatscht, wieder schreit eine Frau. Dann klatscht es erneut. Die Frau mit den Reiterstiefeln macht ein besorgtes Gesicht.

»Eigentlich sind das alles ganz solide Mieter hier, ich weiß auch nicht, was ...« Noch bevor Herr von Oosten den Satz beenden kann, öffnet sich eine Wohnungstür im ersten Stock. Eine energische kleine Frau kippt den Inhalt ihres Katzenklos mit Schwung auf die Treppe und knallt die Tür wieder zu, bevor jemand auch nur ein Wort sagen kann. Im Flur herrscht Stille. Herr von Oosten nestelt an seiner Krawatte. Niemand sagt etwas.

Dann gibt das Haus nach.

Zuerst knirschen die alten Steinfliesen, als riebe jemand Blumentöpfe aneinander. Die erste Fliese springt. Ganz langsam senkt sich der Boden zur Seite ab.

Panik macht sich breit.

Es wird geschubst und gedrängelt, Menschen fallen übereinander, stolpern, schreien. Herr von Oosten wird umgerannt und stürzt zu Boden.

»Das ist ja lebensgefährlich!« Breitbeinig steht der Jungspund mit dem rosa Shirt über ihm. »Ich bin Anwalt, Sie hören noch von mir.«

Die Menge drängt sich nach draußen. Herr von Oosten bleibt einfach liegen. Auch dann noch, als sich die Hausbewohner langsam nach unten wagen. Die Frau mit dem Katzenklo, Jan und die anderen steigen über ihn hinweg, ohne ihn auch nur anzuschauen. Das Haus bewegt sich nicht mehr.

Draußen sehen sie sich die Hauswand an, die sich müde und windschief zur Baugrube neigt. Walter und Erwin sitzen immer noch auf der Bank.

»Guck mal, jetzt hat Dieters Haus Schlagseite. Genau wie ich«, sagt Erwin.

Jan setzt sich zu den beiden, seine Hände zittern.

»Alter, ich dachte, jetzt bricht gleich die Bude zusammen! Habt ihr mal 'n Bier für mich?«

Walter kramt in einer Plastiktüte und reicht ihm eins rüber.

»Trink ersma einen, Jung. Aber die ganzen Schnösel, die seid ihr dafür nu ja auch los, ne?«

Die Handtasche von Mary Poppins – St. Pauli

Ach St. Pauli, mein St. Pauli. Vorsicht: Hier wird's persönlich …

St. Pauli war lange das Grenzgebiet zwischen den Städten Hamburg und Altona (Letzteres war übrigens eine ganze Weile die zweitgrößte dänische Stadt nach Kopenhagen). Hier fand jeder ein Plätzchen, den man innerhalb der Städte nicht haben wollte. Hier siedelten sich Berufsgruppen an, deren Arbeit mit Dreck, Gestank und einem schlechtem Image verbunden war. Auf dem Hamburger Berg (so hieß St. Pauli noch bis Mitte des 19. Jahrhunderts) waren die Hafenarbeiter, die Bierbrauer, die Schnaps- und Tranbrenner zu Hause, Handwerker, die keiner Zunft angehörten, sowie Huren, Schausteller und die, die weder gut protestantisch noch besonders gesetzestreu waren: Auf der Großen Freiheit liegt eine der ältesten katholischen Kirchen weit und breit, und die Davidwache steht auch erst seit zarten 100 Jahren an ihrem angestammten Platz. Eine

Polizeipräsenz gibt es hier zwar schon seit 1840, die wurde aber mehrfach angezündet und beschädigt und musste immer wieder neu errichtet werden.

Gelebt und gefeiert wurde zwischen den beiden Stadtgrenzen Millern- und Nobistor schon lange vorher. Und dieses Verlorensein zwischen zwei Stadtgrenzen, dieses Zuhause im Nirgendwo – das nennt man Kiez. Fragt man einen St. Paulianer nach seiner Heimat, wird er immer antworten: St. Pauli – nicht Hamburg, denn das ist etwas Grundverschiedenes. Und so sehr der Hamburger und die Besucher das Amüsement auf St. Pauli schätzten, leben wollten sie dort nie.

St. Pauli war lange die Schlampe Hamburgs, gerade gut genug für eine Nacht. Verlebt, gezeichnet, aber dabei immer stolz, trotz der Risse und Falten. In denen machten sich dann Künstler breit, bespielten verranzte Keller mit Musik und Kultur und bewohnten herrschaftliche Altbauten für kleines Geld.

Diese alte Schlampe St. Pauli ist so etwas wie die Oma, die man sich immer gewünscht hat: verlässlich, manchmal grantig, aber mit dem größten Herzen der Welt. Bei Oma gibt's Bratwurst, Verständnis und immer ein warmes Wort. Oma tröstet, Oma rückt den Kopf wieder gerade. Oma hat schon so viel von der Welt gesehen, ist weise und gelassen. Aber seit ein paar Jahren wird die alte Lady einem Lifting unterzogen. St. Pauli sieht jetzt straffer aus, jünger und frischer, aber eben auch wie alle anderen Gelifteten. Das Eigene, Sperrige verschwindet langsam. Nur wenn man ganz genau hinschaut, kann man noch erkennen, wie sie früher einmal ausgesehen haben mag. Dass ausgerechnet diese Oma der bürgerliche Jugendwahn befällt und man sie in manchen Zügen schon nicht mehr wiedererkennt, das ist mehr als befremdlich.

Die Mieten steigen, teilweise bis zu 40 Prozent. Alte Häuser werden abgerissen, kleine Läden, in denen man verlässlich morgens um vier noch einen Schnack zum heißen Kaffee bekam, schließen, stattdessen öffnet das zigste Latte-macchiato-Café. An jeder Ecke werden Hotels gebaut. Statt Säcken voller Pfandflaschen stehen jetzt Kinderwagen vor den Türen.

St. Pauli ist nicht einfach nur ein Ort, St. Pauli ist Zuhause. Eine große Versammlung von verschrobenen Gestalten, von Spießern, Trinkern, Ganoven, Aus-der-Welt-Gefallenen, die alle ihre Hoffnungen hierhergetragen haben oder geblieben sind, weil es keinen Ort gab, der besser war. Nirgendwo kommt man Menschen näher als hier. Und hier wird nicht unterschieden – zumindest nicht nach Aussehen, Geld und Status. Entweder du bist ein Arschloch oder du bist keins. Punkt. Man gestattet sich die größtmögliche Unterschiedlichkeit, ohne sich egal zu sein. St. Pauli mit seinem riesigen Herzen hat mich schon in manchen dunklen Stunden gerettet – bei Oma auf'm Arm kann einem eben nichts passieren. Und ich wünsche mir, dass diese Oma noch lange lebt.

St. Pauli ist wie die Handtasche von Mary Poppins: Es ist einfach alles drin, was man gerade braucht. Hier meine kleine St.-Pauli-tagsüber-Liste – aus Platzgründen übrigens weit entfernt von Vollständigkeit …

Wer einen Querschnitt der Bewohner von St. Pauli-Süd bewundern will, der möge ins **Café Geyer** gehen. Es liegt nicht nur am schönsten Platz St. Paulis, sondern ist vor allem ein kleiner Heimathafen für einen kurzen Kaffee, ein ausgedehntes Frühstück oder ein verdientes Feierabendbierchen. Wirt Bojan ist nicht nur einer der nettesten Menschen der Welt, sondern hat auch noch eine prächtige und wechselnde Speisekarte und leckeren Kuchen.

Hein-Köllisch-Platz 4, St. Pauli

Tel. 0 40/23 93 61 22

Die **Amphore** liegt nur eine Ecke weiter (der Name rührt noch von der früheren Nutzung als Bordell) und bietet einen fantastischen Hafenblick. Hier ist es ähnlich wie im Café Geyer – die Nachbarschaft bleibt oft auf einen Kaffee hängen, man trifft sich, man kennt sich, die Atmosphäre ist erfreulich unversnobt, und die Touristen, die den Weg hierher finden, fügen sich entspannt ins Bild. Die Croissants zum Frühstück sind übrigens ungeschlagen gut!

St. Pauli Hafenstraße 140, St. Pauli

Tel. 0 40/31 79 38 80

www.cafe-amphore.de

Lebensbejahende Klamotten verschiedener Labels, bunte Schlappen und Gummistiefel, Schmuck mit Muhammad Ali und der Madonna von Guadeloupe – all das findet man bei **Sisterhood/Brotherhood.** Ein netter, ein bisschen versteckter Laden zwischen Reeperbahn und Elbe – und fair gehandelten Kaffee gibt's auch.

Balduinstraße 22, St. Pauli

www.sisterhood.biz

Mitten im Herzen der Finsternis brennt noch Licht: So kühl und abweisend das neue Brauereiquartier auch aussieht (die Gentrifizierung St. Paulis erkennt man schon daran, dass die Neubauten mit »Quartier« bezeichnet werden) – Anjas Friseurladen **Haardock** ist einer der nettesten Tagsüber-Orte auf St. Pauli. Man bekommt nicht nur einen guten Kaffee zum Haarschnitt, die Mädels beherrschen auch noch die faszinierende Kunst, Augenbrauen mithilfe eines einfachen Bindfadens in jede gewünschte Form zu trimmen. Und wer sich schon schön genug fühlt, kann hier zauberhaften kleinen Schnickschnack wie Magnete, Frühstücksbrettchen und Postkarten aus der Hamburger Kunsthandwerksproduktion erwerben.

Hopfenstraße 15 a, St. Pauli
Tel. 040/80 00 70 73
www.haardock.de

In vielen Städten passiert es, dass ein entzückendes Café oder ein kleiner Laden plötzlich zu einer McDonald's-Filiale mutiert, dann beklagen alle den Verlust des Einzigartigen und die Gleichmacherei. Beim **Sankt-Pauli-Museum** war es erfreulicherweise einmal umgekehrt: Im ehemaligen McDonald's an der Davidstraße, direkt am Straßenstrich, hat der Fotograf Günter Zint seine riesige Foto- und Kiezdevotionaliensammlung in den ehemaligen Räumen des goldenen Doppelbogens unterbringen können. Neben vielem anderen gibt es hier nicht nur Teile aus Domenicas Nachlass zu bestaunen, sondern auch ein nachgebautes S/M-Studio und einen reich bebilderten Abriss der Geschichte St. Paulis bis heute. Zudem sind die Museumstoiletten mit Abstand die schönsten in ganz Hamburg!

Davidstraße 17, St. Pauli
www.kiezmuseum.de

Garantiert nur Selbstgemachtes aus Hamburg kann man im **kunst kiosk** erwerben: verschiedenste Taschen und Täschchen, Magnetwände mit Kiezmotiven, zauberhaften Schnickschnack wie Haarspangen oder handgenähte Monster. Ich habe es noch nie geschafft, hier mit leeren Händen wieder herauszukommen!

Paul-Roosen-Straße 5, St. Pauli

www.kunstkiosk-hamburg.de

Das beste indische Restaurant in Hamburg ist zweifellos das **Maharaja**. Ich habe selten eine so riesige Auswahl an Speisen gesehen, und jedes Gericht ist für den Novizen der indischen Küche in der Karte noch einmal erläutert, die Zutaten erklärt. Es wird ausschließlich ayurvedisch gekocht, das heißt, man wird nicht nur satt und glücklich, sondern kriegt damit vielleicht auch noch eine aufkommende Erkältung exorziert. Der Mango-Lassi ist schon fantastisch, aber der absolute Knaller sind die Indian Sweets zum Nachtisch!

Detlev-Bremer-Straße 25, St. Pauli

Tel. 040/3174928

www.maharaja-hamburg.de

Strips & Stories ist eine entzückende kleine Spezialbuchhandlung für Comics, Graphic Novels und Kinderbücher. Ich habe selten so schöne, so liebevoll gemachte Bücher gesehen. Es gibt regelmäßig Vorträge, Lesungen und Buchpräsentationen, und der Laden ist einfach nett, nett, nett! Und auch, wenn man eigentlich ein ganz anderes Buch sucht – hier kann jedes Druckwerk bis zum nächsten Tag bestellt werden. *Support your local comic book dealer!*

Seilerstraße 40, St. Pauli

www.strips-stories.de

Im **Panoptikum**, dem ältesten Wachsfigurenkabinett in Deutschland, wurde vor 100 Jahren noch all das aus Wachs nachgebildet und präsentiert, was man endlich einmal zu Gesicht zu bekommen wollte, ohne es gleich selbst durchmachen zu müssen: Geschlechtskrankheiten, Missbildungen, Geburten. Seit über 130 Jahren betreibt Familie Faerber (übrigens die Ersten, die im Hamburg überhaupt ein Auto besaßen!) dieses wunderbar schrullige Panoptikum, in dem der Papst genauso vertreten ist wie Obama, Robbie Williams und die Beatles. Aber auch verdiente Hamburger sind hier in verblüffend ähnlicher Ausgestaltung zu finden, zum Beispiel Otto Waalkes, Udo Lindenberg und Domenica.

Spielbudenplatz 3, St. Pauli

www.panoptikum.de

Die **Kogge** ist eine ehemalige Seemannsabsteige, aus der die Mannschaft von Riikka Beust und Gernot Krainer ein wunderbar schrammeliges Rock-'n'-Roll-Hotel gezaubert hat. Alle zwölf Zimmer sind unterschiedlich gestaltet – von Honeckers Herrenzimmer bis zur Hochzeitssuite. Und Menschen, die bereits ein Hamburger Zuhause besitzen, können den ganzen Tag in der muckeligen Bar vom Frühstück bis tief in die Nacht in gepflegter Punkrock-Atmosphäre herumlungern.

Bernhard-Nocht-Straße 59, St. Pauli

Tel. 0 40/31 28 72

www.kogge-hamburg.de

Gleich nebenan liegt die **Kombüse**, der beste mexikanische Imbiss außerhalb Mexikos. Ohne die fantastischen Burritos und Enchiladas wäre ich schon längst verhungert (gibt's übrigens auch alle vegetarisch oder vegan). Wenn man in der Kogge gerade gemütlich beim Bier hockt und so gar nicht aufstehen mag, kann man auch über den Tresen bestellen, das Essen wird dann geliefert. Ansonsten sitzt es sich in der Kombüse so schlicht und unaufgeregt wie unter Deck eines Frachters. Zeit mitbringen – es dauert so lange, wie's dauert.

Bernhard-Nocht-Straße 51, St. Pauli

Kaum bringt man auf St. Pauli nur mal kurz die Pfandflaschen weg, schwupps, schon steht wieder ein neues Hotel da. Alles wandelt sich rasant, nur das **Café Möller** klemmt schon seit Jahrzehnten solide und tantig zwischen Spielothek und Susi's Showbar. Hier gibt es sofakissendicke Sahnetorten, deftiges Frühstück und frischen Fisch, Alt-St.-Paulianer und den Hauch der guten alten Zeit.

Nobistor 4, St. Pauli

Tel. 040/314754

www.cafemoeller.de

Sie brauchen eine Salatschüssel? Eine Winkekatze? 200 Meter Spitzenborte? Oder einfach nur einen Teppich mit Tiermotiven? Egal was – **Abaphone** hat es. Vielleicht abgesehen von frischem Obst. Hier ist es herrlich ramschig, alles blinkt, alles ist aus Plastik und richtig schön billig.

Nobistor 16, St. Pauli

Die **Talstraße** ist DIE Handyhüllenshoppingmeile auf St. Pauli – hier gibt es alle Hüllen für jedes Modell und für kleines Geld, ganz schlicht oder mit üppigem Blingbling. Mein Mitbringseltipp für alle, die Understatement für überschätzt halten.

19:00

Wilhelmsburg

Die warme Luft flimmert über dem Pflaster der Fährstraße. Ein Rudel Nachwuchsmachos lungert auf der Straße herum, sie filmen sich gegenseitig mit dem Handy.

Hier ist in jedem dritten Haus ein Kiosk. Auch in ihrem. Aber Florence geht lieber ein paar Meter weiter, dort hat nämlich Mehmet vor ein paar Wochen seinen Laden aufgemacht. Ihr Vater darf sie nicht sehen, der ist zwar nett zu den Türken in der Straße, aber dass seine Tochter einen türkischen Freund hat, das gefällt ihm gar nicht. »Afrikaner und Türken, das passt einfach nicht«, sagt er immer.

Florence hat heute stundenlang an ihrer Frisur gebastelt. Sie hat ihre geflochtenen Haare zu einem hohen Turm gedreht und alle Haarspangen hineingesteckt, die sie besitzt. Heute findet sie sich richtig hübsch.

Mehmets Laden ist schwimmbadblau gestrichen und leuchtet schon von Weitem. Mehmet sitzt auf einem Barhocker hinterm Tresen und knackt Sonnenblumenkerne. Er ist 27, trägt einen weißen Hut und sieht aus wie ein Popstar.

Irmchen kommt hinkend herein. Sie trägt immer Hosen, selbst im Hochsommer, damit man ihre Beinprothese nicht sieht.

Irmchen ist schon weit über 60, sie hat fuchsrote Haare mit schwarzen Strähnen, und an ihren Lippen hat sie auch mal was machen lassen.

»Gibste mir 'n Fladenbrot, Mehmet? Ich hab mir heute so einen schönen Käse gekauft, der war im Angebot, das back ich mir dann zusammen auf. Wie läuft der Laden?«

»Besser als bei andere Blindgänger hier«, sagt Mehmet. »Wenn du hast Straße mit 100 Leute, kannst du aufmachen zwei Kiosk. 50 gehen da, 50 gehen da, das geht. Wenn du machst zehn Kiosk, alle pleite. Aber so sind Türken. Wenn der hat, will ich auch. Bin ich auch so.« Er lacht. »Erst waren Gemüseläden, dann Döner, jetzt Kiosk. Wird schon.«

Jan hechtet auf der Straße an Florence vorbei und stürmt in den Laden.

»Hey Jan, was geht, alles klar?«, fragt Mehmet.

»Ich muss dir was erzählen! Ich war eben bei Kumpels auf dem Kiez, so 'ne Aktion bei 'ner Hausbesichtigung, und auf einmal stürzt das ein, das Haus! Wir waren da drin, und das Haus stürzt ein! Krass, oder?«

»Du kommst aus Haus, wo eingestürzt ist?« Mehmet kann es nicht fassen. »Erzählst du Scheiß, oder was?«

»Also, eine Hauswand ist eingestürzt, auch nicht ganz, die ist so abgesackt, in eine Baugrube. Aber wir waren noch drin!«

»Bist du besoffen? Du stinkst nach Bier, Mann, das ist schlecht für Kundschaft!«

»Ich geh jetzt erst mal pennen, muss nachher noch zum Plenum. Mach's gut!«

An der Tür stößt er mit Florence zusammen.

»Hast du sonst keinen, der mit dir kuschelt? Mann, pass doch mal auf!«, knurrt sie.

»Der ist komplett verstrahlt heute«, sagt Mehmet.

Als Florence ihn sieht, knipst sie ein breites Lächeln an. »Cooler Hut!«

»Coole Frisur«, sagt Mehmet und gibt ihr einen Kuss. »Irmchen, brauchst du noch was? Soll ich dir Kaffee machen? Hab neue Maschine, kostet so viel wie Mercedes.«

»Mehmet, ich muss dir was erzählen. Ich chatte doch jetzt neuerdings, ne? In so 'nem Behindertenchat.«

»Nur Behinderte, oder was?«

»Genau, und da hab ich jetzt einen kennengelernt, der gefällt mir ganz gut.«

»Pass bloß auf, da sind bestimmt auch viele Irre in so 'nem Chat!«, mischt sich Florence ein. Sie kennt Irmchen, seit sie sich erinnern kann. Irmchen gehört zur Fährstraße, Irmchen war schon immer hier.

»Du, Florence, hör ma', der Typ hat mich gefragt, ob er meine Prothese mal anfassen darf, der würde mir dafür 'nen neuen Fernseher kaufen, meiner ist doch neulich kaputtgegangen. Soll ich das machen?«

»Bist du irre? Am Ende der bringt dich um!« Mehmet tippt sich mit dem Finger an die Stirn. »Lass den Scheiß, Irmchen, ich schwör!« Er hält ihr seine Hand hin.

»Aber ich bräuchte wirklich 'nen neuen Fernseher ...« Zögernd schlägt sie ein. »Hast ja recht, vielleicht ist das wirklich einer von diesen Süchopanten. Obwohl, nett sieht er ja aus ... Na ja, ich muss dann mal wieder.«

Irmchen wackelt nach draußen, Florence und Mehmet sind allein. Sie zwängt sich hinter den Tresen und setzt sich auf Mehmets Schoß. Gerade nestelt sie an seinem obersten Hemdknopf, als das Glöckchen an der Ladentür bimmelt.

Eine Gruppe ordentlich gekleideter Männer strömt herein. Sie tragen fast alle weiße Hemden und randlose Brillen und sehen aus, als wären sie miteinander verwandt.

»Haben Sie Latte macchiato?«

»Klar! Für alle?«

Mehmet hantiert mit seiner neuen Kaffeemaschine, der Dampf schlägt sich auf der Fensterscheibe nieder. Florence ist aufgestanden und holt einen Sack Kaffeebohnen aus dem Lager.

»... wenn wir die Balkone an die Nordseite bauen, dann ist es da ganz schön dunkel. Auf der Südseite liegt aber direkt der Kanal, das dürfte mit der Statik schwierig werden.«

Einer der Männer blättert in einem Schnellhefter. Ein anderer schaut sich im Laden um.

»Das haben Sie sich hier aber nett gemacht. Die Mieten sind hier wahrscheinlich noch günstig? Ich hab hier auch mal gewohnt, mit meinen Eltern in der Veringstraße, ist aber schon ein paar Tage her.«

Mehmet schaut ihn an. »Du kommst mir auch irgendwie bekannt vor. Hast du mal Fußball gespielt? Und hattest du mal so 'ne komische Helmfrisur?« Mehmet grinst. »Christian, oder? Alter, das glaub ich ja nicht!«

»Mehmet, der Gott im Fußballtor! Du bist ja jetzt ein richtiger Geschäftsmann! Und, immer noch in Williburg?«

»Klar, läuft! Und du? Bist du jetzt auch so'n Anzugträger, oder was?«

»Ich bin seit ein paar Wochen mit meinem Architekturstudium fertig, wir planen gerade ein Passivhaus, direkt hinter der Honigfabrik. Das wird demnächst nämlich alles viel schicker hier.«

»Bloß nicht! Is' gut so wie's is'.«

Ein anderer mit randloser Brille gesellt sich dazu. »Ich habe gerade gehört, Sie sind hier aufgewachsen, das ist ja interessant! Haben Sie gar nicht erzählt. Könnten Sie uns etwas über die Bevölkerungsstruktur sagen?«

Zwei Jungs, höchstens 16, lungern vor dem Laden herum und schauen neugierig durch die Scheibe. Drinnen hantieren die weiß behemdeten Herren mit ihren Kaffeebechern. Mehmet sieht die beiden Jungs vom Fenster verschwinden. Kurz darauf hört man das Knirschen von berstendem Glas. Eine Autoalarmanlage heult auf.

Mehmet wischt mit einem Lappen über die Kaffeemaschine. »Is' das vielleicht eins von euren Autos?«.

Kioske, Kanäle und große Kunst – Williburg

Die Elbinsel Wilhelmsburg ist die größte Flussinsel Europas, direkt nebenan liegen die Binneninseln Veddel und Peute. Für den Hamburger ist alles, was südlich der Elbe liegt, erst einmal indiskutabel. Wilhelmsburg ist Pionierland. Kommt man mit der S-Bahn auf der Veddel oder an der Station Wilhelmsburg an, wähnt man sich im kulturellen und ästhetischen Nirgendwo. Wilhelmsburg müffelt ein bisschen.

Wilhelmsburg packt man mit spitzen Fingern an. Doch Wilhelmburg ist auch ein echter Herzensbrecher: Wenn man erst einmal mit dem Bus oder zu Fuß in das Viertel zwischen Fährstraße, Veringstraße und Vogelhüttendeich gelangt ist, sieht die Welt wieder ganz malerisch aus – auf ihre eigene Art. Hier hat die Gentrifizierung ihre gierige Pranke noch nicht vollends ausgestreckt (aber das ist gerade in Arbeit, da darf man ganz unbesorgt sein): wunderschöne Altbauten, noch bezahlbare Mieten, eine gut gemischte Nachbarschaft, ein kleiner Kiez mit fantastischer Infrastruktur. Und an keinem Ort außerhalb des Rheinlandes habe ich eine derart hohe Kioskdichte gesehen wie in der Wilhelmsburger Fährstraße. Das meiste wirkt alteingesessen: Schlachtereien (nach denen man in den sogenannten Szenevierteln inzwischen verzweifelt sucht), Schuster, Änderungsschneidereien und topmodische Kleidung der letzten 30 Jahre.

Aber Wilhelmsburg hat harte Schnitte. Von der Honigfabrik, idyllisch am Kanal gelegen, sind es nur ein paar Meter, und man steht mitten in einem sinistren Hafenumschlagplatz – haushohe Containertürme, reihenweise Lkw, kein Mensch auf der Straße. Auszüge aus dem Reisetagebuch eines französischen Studenten von 1953: »Oft hängen Mütter mit einer besonders zärtlichen Liebe gerade an ihren missratenen Kindern, und das mag es wohl gewesen sein, was die Elbe bewog, dieses trostlose Land in ihre Arme zu schließen. […] Man kann nicht einmal sagen, dass dieses unorganische Durcheinander eine Disharmonie ergäbe. Wilhelmsburg ist nicht unharmonisch, Wilhelmsburg ist absurd. Es liegt sozusagen jenseits von Schön und Hässlich. Und das gibt ihm einen gewissen Reiz.«

Wilhelmsburg ist ein Paradies für Fotografen. Fast an jeder Ecke wartet ein gutes Motiv. Der Flakbunker an der Neuhöfer Straße ist fast baugleich mit seinem Bruder an der Feldstraße. Nur steht dieser hier leer und strahlt eine fiese Düsterkeit aus wie der Beton gewordene sprichwörtliche Schwarze Mann.

Mein Lieblingsfotomotiv ist das einsame Haus mit der Adresse Ernst-August-Stieg 3, besonders bei Dunkelheit und im Regen. Früher soll darin einmal ein Puff betrieben worden sein, man munkelt auch von einem ungeklärten Mordfall. Es liegt so solitär zwischen Ausfallstraße, Deich und Aldi-Parkplatz, so unwirklich und inszeniert, wie das Haus von Norman Bates. Ein Edward-Hopper-Motiv, melancholisch und verschroben – wie Wilhelmsburg.

Wie am Alsterkanal, nur ohne Gedrängel sitzt man im Biergarten **Zum Anleger** am Wilhelmsburger Fährhaus am Ernst-August-Kanal. Rundum grünt die Idylle, die mit einem Kanu durchrudert werden will. Auch Tretboote können hier ausgeliehen werden.

Vogelhüttendeich 123, Wilhelmsburg
Tel. 040/86687781
www.zum-anleger.de

Das 1906 erbaute Gebäude des **Kulturzentrums Honigfabrik** war ursprünglich eine Margarinefabrik. Als nach der Flut 1962 Abrisspläne für den gesamten Stadtteil auf dem Tisch lagen, war Wilhelmsburg von Hamburgs Kulturlandschaft fast vollständig abgehängt. 1976 wurde das alte Fabrikgebäude am Kanal zum selbstverwalteten Jugendzentrum umgestaltet, heute ist es ein prächtiger Spielort für Rock-, Ska- und Reggae-Konzerte. In den Holz- und Metallwerkstätten kann selbstständig oder unter Anleitung munter gebaut und hantiert werden, und es gibt immer reichlich Angebote für Kinder, Senioren und Geschichtsinteressierte.

Im angegliederten **Café Pause** sitzt es sich lauschig, das Essen ist lecker und die Preise sind mehr als moderat. Wunderschön ist das zur Honigfabrik gehörende Hausboot, das man auch für Veranstaltungen mieten kann!

Industriestraße 125–131, Wilhelmsburg

www.honigfabrik.de

Wer Wilhelmsburg in all seiner bizarren Schönheit und Verschrobenheit kennenlernen will, dem sei eine Führung mit den **Wilhelmsburg-Touren** ans Herz gelegt. Mit Bus, Bahn, Fahrrad oder zu Fuß geht's unter der Leitung echter Wilhelmsburger durch den Hafen, durch wilde Natur oder an abseitigste Orte, die man niemals alleine gefunden hätte! Sehr zu empfehlen sind die Touren mit Jörg von Prondzinski.

Freizeithaus Kirchdorf-Süd, Stübenhöfer Weg 11, Wilhelmsburg

Tel. 040/7507353

www.wilhelmsburg-touren.de

Zwei S-Bahn-Stationen weiter ist man schon auf der anderen Elbseite, genauer: in **Harburg**. Von diesem Stadtteil wird häufig behauptet, er läge im toten Winkel der kulturellen Hemisphäre. Aber hier residiert zum Beispiel die **Sammlung Falckenberg** in den Phoenixhallen, eine der 200 wichtigsten Kunstsammlungen der Welt. Wo in riesigen Fabrikhallen früher Gummi produziert wurde, hat der promovierte Jurist Harald Falckenberg inzwischen eine grandiose Ansammlung zeitgenössischer Kunst zusammengetragen, über 1.000 Werke auf 6.000 Quadratmetern. Zusätzlich zur permanenten Ausstellung gibt es wechselnde Werkschauen.

Vertreten sind neben vielen anderen: Martin Kippenberger, Jonathan Meese, Daniel Richter, Richard Prince, Tom Wesselmann und John Baldessari. Wichtig: Ein Besuch ist NUR im Rahmen eines geführten Rundgangs möglich, und dieser auch nur nach telefonischer Voranmeldung!

Wilstorfer Straße 71, Tor 2, Harburg

Tel. 040/32506762

www.sammlung-falckenberg.de

Die Beatles in Hamburg

Es ist verrückt, was alles im Kielwasser der Beatles in Hamburg so mitschwimmt – hier hat John Lennon mal gestanden, dort mal gepinkelt, hier hat George Harrison mal eine Kippe ausgetreten, und Ringo, der hat versehentlich mal bei uns geklingelt. Die Legenden wuchern und die Grenze zwischen Dichtung und Wahrheit ist oft nicht mehr zu finden.

Mir gefällt, dass die Beatles damals noch verspulte kleine Rock 'n' Roller waren, keine Weltstars, sondern Musikmalocher in stinkigen Clubs und auf dreckigen Kellerbühnen. Jungs mit schrammeligen Gitarren und Kneipenschulden, keine Markenartikel. Jetzt jedoch sind sie es, allerdings auf eine tragische Weise. Was der **Beatles-Platz**, diese Brache am Beginn der Großen Freiheit, mit Rock 'n' Roll, den 1960er-Jahren, mit Lebensgefühl und Aufbruch zu tun haben mag, dieses Geheimnis wird sein Architekt wohl mit ins Grab nehmen. Hier stehen fünf Silhouetten, die sehr an Keksausstechförmchen erinnern, zwischen die kann man sich stellen und fotografieren lassen. Na dann.

Ein paar harte Fakten: Die Beatles, das waren in den Anfängen noch John Lennon, Paul McCartney, George Harrison, Stuart Sutcliffe und Pete Best. Ihren ersten Auftritt hatten sie im August 1960 im **Indra** (Große Freiheit 64). Heute ist das Indra ein Livemusik-Club, damals aber waren Rockkonzerte in dem Stripladen noch ganz und gar ungewöhnlich. Die Beatles mussten sich die Aufmerksamkeit des Publikums mit stundenlangen Bühnensessions hart erspielen, denn die Zuschauer wollten zunächst lieber knackige Mädchen sehen, die sich nackig machen – dafür war die Große Freiheit weltberühmt.

Ihren Pilzkopf verdankten die Beatles der Hamburger Fotografin Astrid Kirchherr, die zuerst ihrem damaligen Liebsten und Beatle Stuart Sutcliffe und später seinen Kollegen das verpassen ließ, was man heutzutage eine *Corporate Identitiy* nennt. Nach ihren täglichen Auftritten im Indra spielten die Beatles im **Top Ten** (Reeperbahn 136 – dort eröffnet alle Jubeljahre eine andere Teenie-Disco, aber die Räume existieren zumindest teilweise noch in der alten Form), im **Kaiserkeller** (heute Teil des Clubs Große Freiheit 36) und anschließend zur Eröffnung des **Star-Club** 1962 (hier traten ausnahmslos alle Größen des Rock 'n' Roll bis auf Elvis auf; 1969 wurde der Star-Club geschlossen und später abgerissen).

Während eines gemeinsamen Konzerts mit der ebenfalls aus Liverpool stammenden Band Rory Storm & the Hurricanes im Kaiserkeller stieß Ringo Starr dazu. Die Beatles wohnten zeitweise im (nicht mehr existierenden) Bambi-Kino in der Paul-Roosen-Straße auf St. Pauli, mussten in einem Kabuff hinter der Leinwand schlafen und durften während der Filmvorführungen nicht in ihre Unterkunft. Eine nicht vollständig belegbare Legende erzählt, dass Paul McCartney und Pete Best betrunken herumgezündelt hätten – Fakt ist jedenfalls: Das Kino brannte zum Teil aus, und die Beatles mussten Deutschland vorerst verlassen (auch weil George Harrison damals noch 17 und damit minderjährig war). Nur Stuart Sutcliffe blieb bei seiner Freundin Astrid Kirchherr in Hamburg und starb mit 21 Jahren an einer Hirnblutung. Die Beatles hinterließen während ihrer Hamburger Jahre rundum offene Kneipendeckel, die Paul McCartney erst in den 1980er-Jahren bei einer Konzertreise vollständig beglich.

Vieles hat sich auf St. Pauli verändert, seit die Beatles hier die Bühnen rockten, einzig die Kneipe **Gretel & Alfons** (Große Freiheit 29), zu der eine Gästewohnung gehörte, in der die Beatles logierten, sieht noch fast genauso aus wie damals – und in direkter Nachbarschaft liegt natürlich noch immer die **St.-Joseph-Kirche**, in der John Lennon dereinst nachts betrunken von der Kanzel pinkelte und dafür eine Strafe wegen Kirchenschändung kassierte.

Mehr zur Geschichte der Beatles in der Hansestadt kann man übrigens in Ulf Krügers Buch *Beatles in Hamburg. Ein kleines Lexikon* erfahren. Außerdem sei jedem hiermit Arne Bellstorfs wunderbare Graphic Novel *Baby's in black* über die tragische Liebesgeschichte von Astrid Kirchherr und Stuart Sutcliffe sehr ans Herz gelegt.

20:00

Millerntor-Stadion

Schwarze Kapuzenpullis schieben sich langsam wie ein Magmastrom in die Eingänge der Gegengerade. Brauweiße Schals, Totenköpfe auf Jacken, Mützen, Buttons. Feuerzeuge hebeln ploppend Kronkorken aus, vor dem Spiel wird draußen schnell noch ein Astra gekippt. An der Sicherheitskontrolle hat sich eine Schlange gebildet.

»Könnte der junge Mann da vorne mal die Zündkörper aus dem Darmausgang nehmen? Dann würde das hier auch mal vorangehen!«, grölt einer von hinten. Alle lachen, auch die Sicherheitsleute.

Die Treppen zu den Stehplätzen der Gegengerade sind voll.

Christian ist im Getümmel verloren gegangen, die beiden anderen Architekten schieben sich durch die Reihen nach oben zu ihren Plätzen.

»Zu spät kommen kostet!«, ruft ein bärtiger Mann mit beeindruckendem Bauchumfang. »Wir stehen auch schon 'ne Stunde vorher hier!«

»Ey Charly, das sind doch Modefans, die haben die Karten wahrscheinlich von ihrer Werbeagentur!« Heike dreht sich eine Zigarette. Ihre Dreadlocks hat sie unter die Strickmütze gesteckt, und wenn sie lacht, sieht man eine deutliche Lücke zwischen ihren Vorderzähnen.

»Berber statt Werber« steht auf einem Transparent der Ultras. Darunter solide gemalte Punks, Seeleute und Zausel. Im Ultrablock wird gesungen und getrommelt. St. Pauli spielt gegen Braunschweig, das Stadion ist ausverkauft. Die Sonne knallt vom Himmel, nur Bier mit Prozenten gibt's heute nicht, Sicherheitsspiel. Über allem liegt ein dezenter Grasgeruch. Die Gästehymne wird gespielt, hier und da sind ein paar Pfiffe zu hören. Aber beim *Herz von St. Pauli* singen natürlich alle mit.

Charly hält Heike einen kubanischen Geldschein hin, auf dem Che Guevara zu sehen ist.

»Heike, guck mal! Für den Che kriegste auf Kuba 'ne Flasche Rum!«

Christian taucht mit einer Stiege Bier in der Reihe auf.

»Oh Mann, wie viele kommen denn noch? Das nervt jetzt aber richtig!«, knurrt Heike.

»Willste 'n Bier?« Christian hält ihr einen Plastikbecher hin.

»Ich nehm auch eins!« Charly greift zu, im gleichen Moment rempelt jemand von hinten, und das Bier schwappt auf Christians Hemd.

»Ach Scheiße. Aber egal, wenn ein Tor fällt, bin ich sowieso nass.«

»Da haste wohl recht …« Charly prostet ihm zu.

»Inzwischen tragen doch schon die Nazis Che-Guevara-Shirts«, sagt Heike, drückt Charly den kubanischen Geldschein in die Hand, nimmt einen Schluck von ihrem Bier und nickt Christian zu. »Danke noch mal!«

»Da musst du jetzt vorher immer fragen: Bist du Punk oder Nazi? Man kann nicht mehr einfach so auf die Nazis draufhauen, man erkennt sie ja jetzt gar nicht mehr«, sagt Charly.

»Wenn die uns sehen, dann siehst du schon, wer Nazi ist und wer nicht. Wenn die 'nen Totenkopf sehen, kriegen die sofort 'ne Hasskappe!« Heike stellt sich auf die Zehenspitzen und sieht nach ihren Kindern. Die sind nach vorne gelaufen und sitzen oben auf dem Zaun zwischen den Trainerbänken.

Ein durchdringender Glockenschlag ertönt, *Hells Bells* von AC/DC. Als die Gitarre einsetzt, fliegen tausende Handvoll geschreddertes Papier in die Luft. Die Spieler kommen aufs Feld. Anpfiff.

Boll wird in der dritten Minute von einem Braunschweiger Spieler gefoult. Der Schiedsrichter lässt ungerührt weiterspielen. Das Stadion buht und pfeift.

»Schiri, du Blindfisch, gib Gelb! Wenn das nicht Gelb war, was dann?« Christian ist fassungslos.

»Das hätte schon Rot sein können«, sagt Charly.

»Spielt mir ja meinen Boll nich' kaputt!«, ruft Heike.

Bruns läuft aufs gegnerische Tor zu, will abspielen.

»Jetzt mach doch, Bruns! Warum steht denn da rechts keiner?«

Bruns versucht's alleine und verschießt. Finn Bartels kommt von hinten.

»Los, noch mal, der Ball ist doch noch warm, da geht noch was!«

Die Südtribüne hüpft auf und nieder.

»Come on, you boys in brown! Come on, you boys in brown!«

Finn Bartels verliert den Ball.

»Mann, Bartels! Werd ma' wach!«

Boll wird zum zweiten Mal gefoult und liegt auf dem Rasen. Gelb für Braunschweig. Nach 35 Spielminuten immer noch null zu null. Das Stadion singt.

»Oooh, St. Pau-li, bist mein Ver-ein, und wirst es auch im-mer blei-ben …«

»Geht mal einer aufs Klo, damit endlich ein Tor fällt?«, fragt Heike in die Runde.

»Ja, okay, ich mach das Klo-Opfer. Bier mitbringen?«

Heike schüttelt den Kopf, Charly schiebt sich durch die Menge. Im Gästeblock flammen Bengalos auf und tauchen die Braunschweiger Fans in grellrotes Licht. Rauchschwaden ziehen bis aufs Spielfeld. Es wird gebuht, der Schiedsrichter verordnet Spielunterbrechung. Dann ist Halbzeit.

Ein pinkfarbener Helikopter schält sich aus dem qualmverhangenen Himmel. Er landet mitten auf dem Rasen. Elf sehr blonde Frauen in sehr kurzen glitzernden Kleidern staksen auf sehr hohen Absätzen heraus und winken.

»Was ist das denn für'n Quatschkram?«

Charly kommt mit einer Stiege Bier zurück.

»So'n Scheiß passt doch eher zum HSV!« Heike grinst. »Welcher verkokste Werbeheini hat sich das denn ausgedacht?«

»Guck mal, Barbies!«, ruft ein Kind.

Die Barbies holen Netze mit Bällen aus dem Innern des Helikopters und versuchen, die Bälle auf die Tribünen zu schießen. Kaum eine trifft den Ball. Eine bleibt mit ihrem Absatz im Rasen stecken, stolpert und fällt. Die anderen versuchen jetzt, die Bälle stattdessen zu werfen, was ebenfalls tragisch misslingt. Thorandt und Boll stehen am Eingang des Spielertunnels, und selbst von Weitem ist ihnen das Mitleid anzusehen. Fotohandys werden gezückt, es blitzt überall, Gelächter macht sich breit. Boll fasst sich ein Herz, mischt sich unter die Barbies und kickt die Bälle einen nach dem anderen auf die Tribünen. Es wird geklatscht.

»Fabian Boll – Fuß-ball-gott!«, singt die Südtribüne.

Als alle Bälle verschossen sind, steigen die Barbies winkend in den Helikopter. Als er weit oben über dem Stadion knattert, ertönt der Pfiff zur zweiten Halbzeit.

»Das waren Aliens«, warnt Charly Heikes Kinder, »echte Aliens! Vorsicht mit den Bällen – damit können sie unsere Gedanken absaugen! – Hey, guckt mal, Bartels, jo, jo, jo, da geht was …«

Finn Bartels wieselt durch die Braunschweiger Abwehr und schießt ein Tor. Heike springt vor Freude an Christian hoch und umarmt gleich noch drei andere mit, die rundherum stehen. *Song 2* von Blur scheppert durch die Lautsprecher, das Stadion vibriert.

»Eins zu null füüür unseren FC St. Pauli!«, dröhnt der Stadionsprecher.

»Nächstes Mal könnten sie vielleicht gleich Bierdosen kicken, dann spart man sich den Weg«, sagt Heike. »Jemand noch was? Ich geh holen!«

Hamburg in Braun-Weiß – das Stadion des FC St. Pauli

Das Millerntor-Stadion ist magisch. Nicht nur, dass es eines der wenigen Stadien in der Bundesliga ist, das seinen Namen noch nicht verkauft hat (und wir Fans sind uns fast sicher, dass das auch zukünftig nicht passieren wird), hier stehen Anzugträger ganz selbstverständlich neben Zauselpunks, Erstklässler neben Rentnern und Porschefahrer neben Stützeempfängern. Hier ist die Klassengesellschaft mal ausgehebelt, auch hier weht der Gleichheitsgeist von St. Pauli. Hier geht's den allermeisten nur um Fußball, alles andere ist egal.

Am Millerntor hat mir vor zehn Jahren ein reizender Rentner mit schier unendlicher Geduld die Abseitsregel erklärt, hier bin ich ehemalige Fußballverächterin zum glühenden Fan geworden, und das ungebrochen auch durch die harten Zeiten der 3. Liga. Ich habe hier aber auch schon die Bayern geschlagen vom Platz gehen sehen (»Weltpokalsiegerbesieger«), und das Beben der Tribünen beim Aufstieg – das ist der schönste Lärm der Welt.

Nach den Spielen komme ich nach Hause und schüttele noch Tage später Papierstreifen aus meinen Klamotten, die bei der Einlaufhymne *Hells Bells* immer in die Luft geworfen werden.

Oft stinken meine Klamotten nach Bier, denn wenn ein Tor fällt, muss man natürlich jubeln und springen und alle Umstehenden umarmen – und dabei das volle Bier schnell wegwerfen, weil es beim Jubeln so hinderlich ist. Am Ende der zweiten Halbzeit bin ich heiser gebrüllt, der Rücken tut langsam ein bisschen weh vom langen Stehen, aber ein

Sitzplatz ist erstens teuer und, wie man am Millerntor so schön sagt: Sitzen ist für'n Arsch.

Was ich sehr schätze: Rassistische und andere diskriminierende Äußerungen werden scharf geahndet, bis hin zum dauerhaften Stadionverbot. Klar, sperr 25.000 Menschen auf engsten Raum, einer findet sich immer, der spackt, aber alles in allem haben sich hier alle ziemlich lieb. Zwar flogen im Millerntor-Stadion auch schon mal Becher auf Linienrichter, aber eben noch niemals Bananen auf schwarze Spieler – alles, was politisch rechts ist, ist hier verpönt.

Wir haben die schönste Stadionhymne der Welt, und wenn man *Das Herz von St. Pauli* nicht sowieso auswendig mitsingen kann, dann kann man es in jeder Kneipe auf dem Kiez lernen – das Lied gehört natürlich zur Grundausstattung jeder Jukebox (im Stadion in der Version von Phantastix & Elf, der Text stammt von Hans Albers).

Unser malerischer Totenkopf stammt übrigens aus den Hausbesetzerzeiten der Hafenstraße, und die wiederum haben die schwarze Flagge natürlich von den Piraten Störtebeker & Co. Den Verein FC St. Pauli gibt es bekanntermaßen sei 1910, und ich kann nur jedem empfehlen, sich die DVD zur 100-Jahr-Feier zuzulegen – wenn der ernsthafte Shanty-Chor »Wir sind Zecken, asoziale Zecken, schlafen unter Brücken oder in der Bahnhofsmission ...« singt – das ist schon mehr als erhebend.

Ausführliche Infos zur Vereinsgeschichte, den Spielern und allem anderen rund um den FC St. Pauli gibt's unter: *www.fcstpauli.com*

21:00

Barmbek

Karin zieht die Vorhänge ein Stückchen zurück. Da draußen ist wieder dieser Mann, der auf einer Bank im Innenhof sitzt. Er trägt eine altmodische Brille, sie sieht so schwer aus, als könne er seinen Kopf damit kaum aufrecht halten. Seine Haare sind streng nach hinten gekämmt und glänzen ölig. Hin und wieder kramt er in einer Plastiktüte. Er kommt neuerdings jeden Abend, sitzt auf der Bank, liest eine halbe Stunde in seinem Buch und verschwindet wieder. Einbrecher lesen keine Bücher, denkt sie sich, und er sieht auch viel zu kultiviert aus, wie ein Theatergänger. Aber ein bisschen unruhig ist sie trotzdem. Ein pinkfarbener Helikopter brummt oben am Himmel und verschwindet hinter den Dächern.

Karin kennt jeden hier – den Briefträger, den Hausmeister, die Nachbarn. Seit 30 Jahren wohnt sie in dieser Wohnung, seit fünf Jahren hat sie sie nicht mehr verlassen. Sie kennt jedes Geräusch, das Rauschen in den Wasserrohren, wenn die alte Dame oben duscht oder abspült, das Knacken in den Gasleitungen im Winter, sie kennt die verschiedenen Schritte der Nachbarn im Treppenhaus, sie kann sogar hören, ob sie es eilig haben, wütend oder erschöpft sind.

Karin ist früher mal Maskenbildnerin gewesen, am Schauspielhaus. Irgendwann auf dem Heimweg hat es angefangen. Erst eine leichte Unruhe, wenn sie fremden Menschen begegnete. Dann hielt sie es in Bussen nicht mehr aus. Die Menschen waren laut, grob und hässlich. Sie rochen nach krankem Magen, sie kamen ihr zu nah. Karin schnappte nach Luft und lief den Weg nach Hause. Zwei Stunden brauchte sie.

Im Theater mochte sie keine Menschen mehr anfassen. Es fühlte sich an, als strömten mit jeder Berührung die Stimmungen und Sorgen der anderen ungehindert in ihren Körper hinein. Sie ließ sich krankschreiben, erst für vier Wochen, dann ein halbes Jahr, dann noch eins. Jetzt ist sie in Rente, obwohl sie sich noch gar nicht alt fühlt.

In ihrer Wohnung ist es sicher. Vom Balkon aus kann Karin auf den großen Innenhof schauen, schön grün ist der, voller Bäume, und der Rasen ist auch gepflegt. Drumherum Backstein, sicher und solide wie eine Burg. Von ihrer Wohnung aus kann man in hunderte Fenster schauen, alle mit weißen Rahmen wie die Türchen in einem Adventskalender. Im Häuserblock vis-à-vis wohnen viele WGs, sie sieht die jungen Leute oft am Fenster sitzen und rauchen. Im Erdgeschoss gegenüber züchtet ein alter Mann Rosen auf seiner kleinen Terrasse. Er hat einen Hund namens Amor, seine letzten beiden Hunde hießen auch schon so. Karin sitzt oft am Fenster und malt. Sie malt die Stadt, die sie seit Jahren nicht mehr gesehen hat, in hellen, freundlichen Farben. Nur Menschen sind auf ihren Bildern nie zu sehen.

Die nette Arzthelferin aus der Praxis im Erdgeschoss kauft manchmal für sie ein, das meiste bestellt sie übers

Internet. Ihre Bilder hängen unten im Wartezimmer, darauf ist Karin stolz.

Sie schaut aus dem Fenster. Der Mann ist verschwunden. Im selben Moment klingelt es an ihrer Tür.

»Entschuldigen Sie, dass ich so spät noch störe, aber ich habe noch Licht gesehen. Haben Sie einen Moment für mich?« Es ist der Arzt aus dem Erdgeschoss. Er hält ihr eine Flasche Wein hin: »Merlot, Südafrika, gutes Stöffchen!«

Karin kennt ihn seit Jahren, aber noch nie hat sie ihn in Zivil gesehen. Er trägt einen fast schon bedauernswert abgewetzten Pullover und Cordhosen. Sie mag ihn. Er weiß von ihrer Menschenangst, aber er bemitleidet sie nicht. Im Gegenteil – er ist der einzige, der Witze darüber macht. Bei jedem Blutdruckmessen sagt er zu Karin, er würde gerne mal mit ihr in die Mönckebergstraße fahren, mit der U-Bahn selbstverständlich, am besten an einem Samstag vor Weihnachten, wo sich Mensch an Mensch reibt, und dann zeigt er ihr grinsend, wie der kleine Zeiger auf dem Messgerät nach oben schnellt. Er gefällt ihr.

»Sie sind der einzige Mensch, der mir helfen kann.«

»Na, jetzt bin ich aber gespannt! Sie haben Glück, ich wollte gerade ausgehen.« Karin lächelt.

»Denen da draußen entgeht mit Ihnen wirklich was.« Er schaut sie mit schief gelegtem Kopf und wachen Arztaugen an. Sie bittet ihn ins Wohnzimmer, stellt zwei Weingläser auf den Tisch und sieht ihn erwartungsvoll an.

»Sie können doch schminken, oder?«

»Das habe ich zumindest mal gelernt.«

»Können Sie mich so schminken, dass ich todkrank aussehe? Wie kurz vorm Herzinfarkt, völlig zerrüttet?«

»Verraten Sie mir zuerst, was Sie vorhaben?«

»Ich bin doch geschieden, das wissen Sie vielleicht.«

Das hat Karin sich schon öfter gefragt, weil sie seine Frau schon lange nicht mehr gesehen hat. Früher hatte sie ihn oft von der Praxis abgeholt. Geschieden. Sie muss zugeben, das hört sich gar nicht so schlecht an.

»Und meine Frau, also meine Ex-Frau, die hat sich selbstständig gemacht. Ich hab damals einen Kredit aufgenommen, auf meinen Namen, so blöd kann man sein. Jetzt ist sie weg. Und die Bank will ihr Geld zurück. Alles, und zwar schnell.«

»Aber wenn Sie so aussehen, als würden Sie demnächst tot umfallen, wollen die ihr Geld dann nicht umso schneller haben?«

»Die nehmen dann, was sie kriegen können. Und ich wollte ihnen die Hälfte anbieten, bevor ich abtrete, und damit gut.«

»Verstehe. Das lässt sich wohl hinkriegen.«

»Ansonsten müsste ich Insolvenz anmelden. Und dafür hab ich nicht 25 Jahre lang unerzogene Kinder, offene Beine und alte Nazis behandelt!«

»Eher magenkrank oder eher Herzleiden? Oder Burnout? Ich kann Ihnen auch eine schlimme Neurodermitis schminken, das sieht sehr eindrucksvoll aus.«

Karin hat ihren Schminkkoffer aus dem Schrank geholt und sortiert Pinsel und Töpfchen vor sich auf dem Tisch.

»Eine hübsche, elende Herzgeschichte und totale Erschöpfung, das wäre perfekt. Würden Sie das mal probehalber versuchen?«

Karin nimmt einen Schluck Wein. Seit Jahren hat sie keinen Menschen mehr angefasst. Sie nimmt mit dem

Pinsel ein wenig braune Farbe auf und streicht sie ihm vorsichtig unter die Augen. Ihre Hand zittert erst etwas, dann wird sie ganz ruhig. Es ist angenehm, ihm so nahe zu kommen. Er riecht nach Seife und ein bisschen nach nasser Wolle, obwohl er ein leichtes Hemd trägt.

»Das sieht jetzt schon mal sehr schön erschöpft aus. Wollen Sie sehen?« Sie hält ihm einen kleinen Schminkspiegel hin.

»Perfekt! Jetzt sehe ich endlich mal so alt aus, wie ich mich schon lange fühle!«

»Ich kann Ihnen in zehn Minuten noch 30 Jahre draufschminken!«

Karin ist selbst überrascht, wie sicher sie sich fühlt, die Angst ist fast völlig verschwunden. Sie pinselt, wischt mit den Fingerspitzen, modelliert und pudert, bis sie mit dem Ergebnis zufrieden ist. Vor ihr sitzt ein alter erschöpfter Mann, nur die blitzwachen Augen passen nicht so recht zum Gesamtbild. Sie stoßen mit den Weingläsern an. Oben bei der alten Dame rauscht Badewasser.

»Darf ich denn noch mal wiederkommen? Und ich würde Sie gerne zum Essen einladen – natürlich auch, wenn die Bank mir nichts erlässt. Selbstredend in der Innenstadt, in einem möglichst gut besuchten Restaurant, vielleicht in einem Braukeller ohne Notausgang?«

»Wenn Sie in zehn Jahren noch nichts vorhaben, gerne! Aber würden … hätten Sie vielleicht Lust, mal mit mir S-Bahn zu fahren?«

Draußen schaut der Mann mit den öligen Haaren an den beleuchteten Fenstern nach oben. Ein blasser Mond duckt sich hinter einer Straßenlaterne. Morgen wird er wiederkommen. Aber jetzt hat er gleich noch etwas vor.

Backstein! – Hamburg-Barmbek

Wenn man nicht gerade in Barmbek lebt, kennt man kaum mehr von dem ehemaligen Hamburger Vorort als den riesigen Globetrotter-Shop. Und im winterlichen Regen ist Barmbek komplett unsichtbar, die nassen Backsteine verschmelzen einfach mit der Dunkelheit. Dafür schätzen die Bewohner Barmbeks, das heute in die Stadtteile Barmbek-Nord, Barmbek-Süd und Dulsberg aufgegliedert ist, die günstige Mieten, entspannte Nachbarn und den Stadtpark vor der Tür. Und die »Fuhle«, die Fuhlsbüttler Straße, bietet alles, was man für den täglichen Bedarf braucht. Fürs Amüsement und kulturelle Ausflüge fährt der Barmbeker lieber in andere Stadtteile, aber zu Hause ist er hier gern.

Barmbek ist geerdet – fast bis hin zum totalen Glamourverlust. Helmut Schmidt ist in Barmbek geboren und Lotto King Karl, der Vater der HSV-Hymne *Hamburg, meine Perle*, wird von den Barmbek Dream Boys musikalisch begleitet.

Im bevölkerungsreichsten Gebiet Hamburgs hat die Industrie früherer Jahre ihre Spuren hinterlassen. Für die Arbeiter mussten Quartiere her, schnell gebaut und bezahlbar, Barmbek ist daher größtenteils so ornamentlos und praktisch wie ein Haushaltsgerät. Funktional, aber keine echte Augenweide. Doch es hat den versteckten Charme des kleinen Glücks, es ringt dem vielen Backstein trotzig kleine Idyllen ab.

Normalerweise liegt es mir fern, für Geschäftsketten zu werben, für **Globetrotter** mache ich eine Ausnahme. Egal, ob man eine atmungsaktive Funktionsjacke, einen arktis-

tauglichen Schlafsack, antimückenimprägnierte Tropenhemden oder wasserfeste Notizbücher braucht, hier gibt es all das in riesiger Auswahl. In der Kälte- und Regenkammer kann die gewünschte Ausrüstung unter Realbedingungen direkt getestet werden, eine riesige Kletterwand und andere Aktionen lenken einen davon ab, dass man eigentlich noch gar nicht auf Reisen ist. Und das Personal ist freundlich und verdammt kompetent.
Wiesendamm 1, Barmbek-Nord
www.globetrotter.de/de/filialen/hamburg

Direkt nebenan, in einem wunderschönen Fabrikensemble aus dem 19. Jahrhundert, liegt das **Museum der Arbeit**. Neben der dauerhaften gibt es wechselnde Ausstellungen, meist zu sozialgeschichtlichen Themen wie etwa zur Geschichte der Prostitution oder über Tunnel und Unterwelten in Hamburg. Und das Schöne ist: Es ist hier so unmuffig, und die doch eher schmallippigen Themen werden prächtig aufbereitet. In der ständigen Ausstellung finden sich Exponate aus 150 Jahren Industriegeschichte und unter anderem Hörbiografien von Arbeitern aus den verschiedensten Berufen. Der **Flohmarkt**, der regelmäßig am Museum der Arbeit stattfindet, gehört übrigens zu den schönsten in Hamburg.
Wiesendamm 3, Barmbek-Nord
www.museum-der-arbeit.de,
www.marktkultur-hamburg.de/museumderarbeit.html

Auf dem gleichen Gelände liegt das Kulturzentrum **Zinnschmelze**, das ein buntes Programm von Theateraufführungen über Ausstellungen und Vernissagen bis zu Salsa-

Kursen bietet. Aber man kann hier auch einfach nur gepflegt einen Kaffee trinken.
Maurienstraße 19, Barmbek-Nord
www.zinnschmelze.de

Barmbek und **Winterhude** grenzen aneinander. In Barmbek ist der Backstein ganz klar proletarisch, in Winterhude bürgerlicher. Während in Winterhude einzelne Häuser mit Jugendstilelementen das Straßenbild dominieren, wurde Barmbek als Arbeitersiedlung konzipiert, was sich an der Wohnblockarchitektur mit den begrünten Innenhöfen deutlich zeigt. Barmbek entstand am Reißbrett, Winterhude dagegen ist organisch gewachsen. Und Winterhude hat es im Krieg nicht halb so hart erwischt wie den proletarischen Nachbarn, daher ist dort noch eine Menge herrschaftlicher Gründerzeitarchitektur erhalten. Hier einige Großartigkeiten, die sich im Herzen von Barmbeks feinem Nachbarn verbergen.

Wohl das Innovativste, was Hamburger Bühnen zu bieten haben, sieht man auf **Kampnagel**. Manche Performances lassen einen ratlos zurück, andere öffnen den Horizont in ungeahnte Weiten. Neben fantastischen Tanzchoreografien läuft hier viel Multimediales, Politisches, Kritisches, wild Versponnenes oder Kühles und Postmodernes – und das vorwiegend in internationalen Koproduktionen. Beim **Live Art Festival** im Sommer wird das gesamte Gelände der ehemaligen Maschinenfabrik zehn Tage lang bespielt, und das ist nur eines von zahlreichen Festivals, die hier stattfinden.
Jarrestraße 20, Winterhude
www.kampnagel.de

Der **Stadtpark** ist mit 149 Hektar die größte Grünfläche in Hamburg. Hier gibt es alles, was der abgasvernebelte, beengt lebende Großstädter zur Erholung braucht: ein Naturschwimmbad, Pflänzchen und Blümchen jeglicher Couleur, Minigolf, Liegewiesen mit und ohne Hunde und Kunst im öffentlichen Raum. Im Sommer finden hier große Open-Air-Konzerte, Freiluftkinovorführungen und Sportturniere statt.
www.hamburg-stadtpark.de,
www.hamburgerstadtpark.de

Der imposante Art-déco-Bau am Rande des Stadtparks, das **Planetarium**, wurde vom Hamburger Allroundarchitekten und damaligen Oberbaudirektor Fritz Schumacher (auch »Backsteinpapst« genannt) zuerst als Wasserturm gebaut. Als solcher war er jedoch nur für kurze Zeit in Betrieb. Bei der Firma Carl Zeiss in Jena wurde ein Projektionsapparat in Auftrag gegeben, allerdings geizte die Stadt Hamburg damit, außerdem einen teuren Planetariumsneubau zu finanzieren. Also wurde der alte Wasserturm umgebaut und 1930 als Planetarium eröffnet. Ich denke, ich muss hier nicht noch gesondert für den Sternenhimmel und all seine Mysterien werben – hingehen! Anschauen! Hier ist man wieder fünf Jahre alt und staunt.
Hindenburgstraße 1 b (Stadtpark), Winterhude
Tel. 040/42 88 65 20
www.planetarium-hamburg.de

Eine wie von Zille gemalte alte Eckkneipe ist das **Dorotheeneck.** Es gibt gezapftes Pils, frisch geschmierte Brote und eine denkbar unschnöselige Atmosphäre. Einmal im

Monat findet hier das Hansequiz statt, bei dem sich Kneipenbesucher zu Rateteams zusammentun und kuriose Fragen rund um Hamburg beantworten.
Dorotheenstraße 190, Winterhude

Im Herbst 2012 eröffnet das Hamburger **Polizeimuseum** auf dem Gelände der Landespolizeischule Hamburg zwischen Winterhude und Alsterdorf. Den geneigten Besucher erwarten dort Exponate wie die Säge des Frauenmörders Fritz Honka, mit der er seine Opfer zerstückelte, Auszüge aus den gefälschten Hitler-Tagebüchern und das Mini-U-Boot, mit dem Kaufhauserpresser Dagobert seine Geldübergabe plante. Das Museum soll einen Einblick in die Polizeiarbeit geben, präsentiert Verhörprotokolle und Tatwaffen – und Besucher sollen sogar die Möglichkeit haben, im Kriminallabor mit neuesten Arbeitstechniken fiktive Fälle selbst zu lösen.
Carl-Cohn-Straße 39, Alsterdorf

Filme über Hamburg

Denkt man an Filme über Hamburg und Hamburg im Film, fällt einem wohl zuerst Hans Albers ein. 1943 entstand ***Große Freiheit Nr. 7*** unter der Regie von Helmut Käutner, der jedoch wegen der Bombenangriffe auf Hamburg größtenteils in Prag gedreht wurde. Nur eine Szene spielt noch im Hafenbecken – die Kriegsschiffe, die der Regisseur ebenso wenig im Bild haben wollte wie die Hakenkreuzfahnen, wurden dabei mit Tarnnetzen abgedeckt. Der Film wurde 1945 von den Alliierten freigegeben und als erster Kinofilm überhaupt nach Kriegsende gezeigt. Es folgte ***Auf der Reeperbahn nachts um halb eins*** (1954). Das titelgebende Lied wurde in den 1920er-Jahren Jahren von Ralph Arthur Roberts für das Theaterstück *Bunt ist die Welt* komponiert und getextet. ***Das Herz von St. Pauli*** entstand 1957 an Originalschauplätzen auf der Reeperbahn und in den Seitenstraßen.

Der Reeperbahn und St. Pauli widmen sich unzählige Filme, mal als Ort der Sehnsucht, des Abenteuers und der großen Gefühle, mal als Heimstatt von Verwerfung, Kriminalität und düsteren Trieben – allen voran die Filme von Jürgen Roland. Sie brachten das neue

Genre der semidokumentarischen Reportage ins Spiel, so zum Beispiel mit *Polizeirevier Davidswache* (1964), *Die Engel von St. Pauli* (1969) und *St. Pauli Report* (1971).

Dieter Wedels mehrteilige Saga *Der König von St. Pauli* (1997) erzählt die Geschichte eines Striplokalbesitzers, der sich mithilfe seines Sohnes und Freunden aus dem Milieu gegen eine feindliche Übernahme seines Ladens zur Wehr setzt. Nur einige Außenaufnahmen entstanden auf St. Pauli, die komplette Herbertstraße und das Lokal Blaue Banane, wo große Teile des Films spielen, wurden in den Bavaria-Filmstudios in München nachgebaut.

Mein liebster St.-Pauli-Film ist *Der amerikanische Freund* (1977) von Wim Wenders mit Dennis Hopper und Bruno Ganz in den Hauptrollen. Nicht nur, dass das Haus, in dem ich wohne, darin zu sehen ist – der Film zeigt das St. Pauli-Süd der 1970er-Jahre zwischen Fischmarkt und Reeperbahn, das nur in Teilen überlebt hat. Abgesehen davon, dass es einfach ein prächtiger Film ist, ist *Der amerikanische Freund* eine wunderbare Dokumentation über diese kleine Ecke des Stadtteils.

Und auch das gefühlt 100-jährige familienfreundliche *Großstadtrevier* mit Jan Fedder (seit 1984) zeigt neben heiteren Episoden ohne Mord und Mafia immer auch den kontinuierlichen Wandel auf dem Kiez.

Ein schroffes kleines Hamburger Filmwunder ist *Rocker* von Klaus Lemke (1972). Kleinkriminelle, besagte Rocker und grundsympathische Kaputtniks schnoddern, saufen und prollen sich durch 85 Minuten raues Leben, dass es eine Freude ist. Der Film ist ausnahmslos mit Laien besetzt, die auch unter ihren echten Namen auftreten, und spielt vorwiegend auf dem Kiez. *Rocker* wird regelmäßig in kleinen Hamburger Programmkinos gezeigt und mindestens die Hälfte der Zuschauer kann die Dialoge frei mitsprechen!

In Sönke Wortmanns Episodenfilm ***St. Pauli Nacht*** von 1998 (das Drehbuch schrieb der Hamburger Autor Frank Göhre und bekam dafür den Deutschen Drehbuchpreis) verwickeln sich mehrere Geschichten auf dem nächtlichen Kiez ineinander. Was Armin Rohde da an schauspielerischer Grandezza hinlegt, ist einfach nur sehenswert.

Eine vergessene Perle der Hamburger Nachkriegsfilme ist ***Nur eine Nacht*** von Fritz Kirchhoff (1950). Die zeitgemäß melodramatische Geschichte mit Marianne Hoppe und Hans Söhnker spielt an schon längst nicht mehr existierenden Orten wie dem Hippodrom oder dem Cabaret Jungmühle auf der Großen Freiheit und zeigt sehr anschaulich die Atmosphäre in Hamburg nach dem Krieg. Regieassistent bei dieser Produktion war übrigens der blutjunge Jürgen Roland.

1951 kam der Schauspieler Peter Lorre nach Hamburg, der in der Nazizeit nach Hollywood emigriert war und dort eine fantastische Karriere gemacht hatte (unter anderem Rollen in *Casablanca*, *Die Spur des Falken*, *Schuld und Sühne*). Hier wollte er sein Herzensprojekt ***Der Verlorene*** drehen, einen expressionistischen Film Noir über zwei Männer, die sich in einem Flüchtlingslager begegnen und dort von ihrer Vergangenheit in der Nazizeit eingeholt werden. Lorre führte Regie und spielte die Hauptrolle. Die Filmarbeiten wurden von Unglücksfällen überschattet: Der Produzent starb an einer Gehirnblutung, im Kopierwerk brach ein Feuer aus, und 30.000 Meter Rohschnittfassung mussten neu bearbeitet werden. Der Film fiel bei Kritik und Zuschauern (völlig zu Unrecht!) durch und ist heutzutage fast vergessen – ein großer Fehler!

Bekenntnisse des Hochstaplers Felix Krull unter der Regie von Kurt Hofmann und mit Horst Buchholz wurde 1957 unter anderem an den Landungsbrücken gedreht. Heinz Rühmann paradierte als ***Hauptmann von Köpenick*** 1956 nicht etwa vor dem Köpenicker Rathaus, sondern vor dem Finanzamt am Schlump im Stadtteil Eimsbüttel.

Spektakulär sind die **Jerry-Cotton-Filme** der 1960er-Jahre mit George Nader in der Hauptrolle. Sie spielen zwar in Manhattan, wurden jedoch alle in Hamburg gedreht, so etwa *Mörderclub von Brooklyn*, *Mordnacht von Manhattan*, *Schüsse aus dem Geigenkasten*, *Dynamit in grüner Seide* und einige andere. Hier wurden New Yorker Impressionen großzügig mit Rothenburgsorter Industriebrachen gemixt – ein kleines Kamerateam flog ohne die Schauspieler nach Amerika und drehte die Straßenszenen. Aus einer kleinen Gasse am Rande des Portugiesenviertels wurde eine New Yorker Kneipenmeile mit eigens aufgebauter amerikanischer Leuchtreklame. Wenn man allerdings ganz genau hinschaut (in die Auslagen der Schaufenster, auf die Straßenschilder und so weiter), dann kann man die deutsche Beschriftung noch erkennen.

Einen ähnlichen Kultstatus genießt Hark Bohms ***Nordsee ist Mordsee*** (1976), die Geschichte der Jungs Uwe und Dschingis, die zuerst mit einem selbstgebauten Floß und später mit einem geklauten Segelschiff aus ihren beengten Verhältnissen flüchten. Er spielt zu großen Teilen in Wilhelmsburg.

Düster und melancholisch ist dagegen Vadim Glownas Film *Desperado City* (1980), eine tragische Aufbruchs- und Aussteigergeschichte, ein trüber Blues über Sehnsüchte und Tristesse zwischen Eimsbüttel, Altona und St. Pauli.

Was kaum einer weiß: Die wunderbare und völlig zu Unrecht verkannte Helga Feddersen hat fantastische sozialkritische Drehbücher geschrieben, unter anderem für *Vier Stunden vor Elbe 1* von 1968 (die Band Element of Crime widmete ihr den gleichnamigen Song) und *Bismarck von hinten oder Wir schließen nie* (1974), eine Geschichte über zwei Familien, die im Schatten des Bismarckdenkmals leben, und die Sorgen kleiner Leute.

Apropos: *Bismarckpolka* (1995) ist ein ebenso feiner Hamburg-Kurzfilm unter anderem mit Jochen Nickel, Detlev Buck und Barbara Auer, eine zauberhafte Pennergeschichte, die in der Silvesternacht zwischen Kiez und Landungsbrücken spielt. Detlev Bucks Kurzfilmdebüt *Erst die Arbeit und dann?* (1984) beschreibt den Ausflug eines Jungbauern vom Land in eine Eppendorfer Szenebar – unbedingt anschauen!

»Hamburg ist ja DIE deutsche Pressestadt« – es gibt wohl kaum jemanden, der Helmut Dietls *Schtonk!* (1992), die Satire um die gefälschten Hitler-Tagebücher, nicht kennt. Gedreht wurde natürlich nicht in den Räumen des *Stern*, sondern stattdessen in der Hamburger Messe, im Alsterpavillon am Jungfernstieg und beim Promi-Italiener Paolino an der Alster.

Die Akte Odessa (1974), die Verfilmung eines Romans von Frederick Forsyth, erzählt die Geschichte eines Hamburger Journalisten, gespielt von Maximilian Schell, der einen ehemaligen KZ-Kommandanten jagt – unter anderem auf dem Weihnachtsmarkt im Hamburger Stadtzentrum.

Fatih Akın ist ohne Frage der begnadetste Regisseur, den wir haben. Was er anpackt, wird zu einer Geschichte von widerspenstiger Schönheit: *Kurz und schmerzlos* (1998), das Kiezdrama um drei Kumpels und Kleinkriminelle, das Roadmovie *Im Juli* (2000), die kaum erträgliche, zerstörerische Liebesgeschichte *Gegen die Wand*, die völlig zu Recht auf der Berlinale 2004 mit dem Goldenen Bären ausgezeichnet wurde, und der wunderbare Heimatfilm *Soul Kitchen* (2009) – sie alle spielen in Hamburg.

Wunderschön und tief melancholisch ist *Absolute Giganten* von Sebastian Schipper (1998), ein Film über die Abschiedsnacht dreier Hamburger Freunde, bevor einer von ihnen am nächsten Tag auf einem Containerschiff anheuern wird. Floyd, die Hauptfigur (gespielt vom viel zu früh verstorbenen Frank Giering) sagt zum Schluss: »An der Stelle, wo es am Allerschönsten ist, da müsste die Platte springen, und du hörst immer nur diesen einen Moment …«

Wer sich umfassender über Film und Fernsehen in Hamburg informieren will, dem empfehle ich das **Virtuelle Film- und Fernsehmuseum Hamburg**, das als interdisziplinäres Projekt an der Hochschule für Angewandte Wissenschaften (HAW) erstellt wurde:
www.filmmuseum-hamburg.de

22:00

Grindel

Erna war seit Jahren nicht mehr im Keller. Willi hat sich immer dorthin zurückgezogen, das ist sein Bereich gewesen. Sie hat auch gar nicht wissen wollen, was er da eigentlich trieb.

»Na, pütscherst du wieder in deinen Privatgemächern herum?«, fragte sie ihn manchmal schmunzelnd.

»Lass doch ’nem alten Mann seine Freude, sonst sitz ich ja nur rum und mach Dreck, und das willst du ja auch wieder nich’«, sagte er dann.

Und tatsächlich war sie ganz froh, dass sie ihn manchmal aus dem Weg hatte. Seit Willi in Rente war, wurde er immer häufiger krank. Er wusste wenig mit sich anzufangen, nur wenn er nach einer Weile wieder aus seinem Keller kam, dann wirkte er ganz zufrieden.

In dem Hochhaus, das sie schon seit den 1950er-Jahren bewohnten, gibt es merkwürdigerweise mehr Kellerräume als Wohnungen. So hatten die beiden einen gemeinsamen Keller und Willi noch einen für sich allein. Früher war es mal sehr schick gewesen, im Hochhaus zu wohnen, die Grindelhochhäuser waren das Modernste, was Hamburg nach dem Krieg zu bieten hatte. Ein schön gefliestes Bad, ein großes Wohnzimmer mit echtem Parkett. Und der Blick aus dem zehnten Stock über die ganze Stadt war natürlich auch was Tolles. Später dann zogen immer mehr Nachbarn aus, aufs Land, in eigene Häuser. Und als Willi die letzten Jahre im Pflegeheim war, lebten fast nur noch Studenten hier.

Im gemeinsamen Keller lagern der Weihnachtsbaumschmuck, der alte Holzschlitten ihres Sohnes, der jetzt mit seiner Familie in Kanada lebt, ein Karton mit Wintermänteln, die Erna früher getragen hat, als sie mit Willi noch manchmal in ein Tanzlokal ging. In einem alten Kleiderschrank hängt Willis Hochzeitsanzug unter Cellophanfolie. Sie schiebt ihre Hand unter die Folie, greift in die Jacketttasche und zieht ein zerknülltes Stofftaschentuch heraus. Die Spitzenborte ist ganz löchrig geworden, in einer Ecke sind die Initialen von Ernas Mädchennamen gestickt. Erna wischt sich damit eine Träne aus dem Augenwinkel und steckt das Taschentuch ein. Morgen wird sie die *ollen Plünnen* zur Heilsarmee bringen. Muss ja weitergehen, nützt ja nichts.

Ein paar Hundert Meter weiter, vor dem Abaton-Kino, liegt ein roter Teppich. An der Fassade prangt ein großes Banner: Filmfest Hamburg. Menschentrauben drängen sich an der Straßenecke. Kameras blitzen. Hostessen in schwarzen Kleidchen balancieren Sektgläser auf silbernen Tabletts. Schwarze VIP-Limousinen fahren vor und spucken Berühmtheiten in Abendgarderobe aus. Frauen mit klobigen Ketten stehen neben Herren mit bunten Brillen und plaudern angeregt.

»Du, da drüben ist der Wim! Der hat mir neulich sein neues Skript geforewardet, und ich hab ihm gesagt, Wim, du bist einfach *gifted*! Der Mann ist so begnadet, und, ach Gott, ich kenne ihn ja jetzt auch bald schon 30 Jahre …«

»Die da drüben, die in dem nuttigen grünen Kleid, na, ich komm jetzt nicht auf den Namen, die, die neulich auch im *Tatort* gespielt hat – die ist so was von überschätzt! Deshalb zeigt die auch so viel Fleisch …«

Ein paar Meter abseits steht der Mann mit den öligen Haaren. Er hat sich beeilen müssen, um rechtzeitig aus Barmbek hierherzukommen. Die U-Bahn darf er nicht nehmen, die Linie ist gelb, und er darf nicht mit Gelb in Berührung kommen. Mehr als zehnmal rechts abbiegen pro Tag darf er auch nicht. Alles, was er machen muss, schreibt er in sein dickes Buch, das trägt er immer bei sich. Manchmal muss er etwas nachlesen, weil es so viele Regeln sind. Nach Barmbek muss er diese Woche noch dreimal, danach immer zum sechseckigen Teich auf dem Unigelände. Aber nicht an Tagen mit »m«, das ist ganz wichtig. Und immer erst, wenn der Mond zu sehen ist.

Dann sieht er sie. Such die Frau im grünen Kleid, haben ihm die Stimmen gesagt. Mit ihr wird alles einfacher werden. Mit ihr wirst du glücklich sein. Und da ist sie. Ganz in seiner Nähe. Sie posiert auf dem roten Teppich und lächelt in die Menge.

Willis Keller liegt ganz hinten am Ende des Gangs. Quer über die Tür hat eine Spinne ihr Netz gespannt. Hier war schon lange niemand mehr. Erna steckt den angerosteten Schlüssel ins Vorhängeschloss. Sie muss ein bisschen rütteln, bis der Bügel aufspringt. Sie tastet neben der Tür nach dem Lichtschalter. Sie drückt, es bleibt dunkel. Irgendwie riecht es hier komisch, nach Silvesterkrachern, aber das kann ja nicht sein. Erna klemmt das Vorhängeschloss unter die offene Tür, damit sie geöffnet bleibt und ein bisschen Licht von der Leuchte im Flur hineinfällt. Zuerst sieht sie nur die kleinen Pappkästchen, sorgfältig in einem Wandregal aufeinandergestapelt. Auf den Kästchen steht etwas geschrieben, sie erkennt Willis Handschrift. »9 mm« steht auf einem, auf einem anderen »5 mm«, auf dem Kästchen darüber »12 mm«. Alles fein säuberlich mit Tinte auf kleinen Klebeetiketten notiert. Fast der gesamte Kellerboden ist mit Holzkisten bedeckt, die gefüllt sind mit Pistolen, Gewehren, auch eine Maschinenpistole ist dabei. Die alte Wäschewanne aus Plastik, in der sie ganz früher ihren Sohn gebadet haben, ist randvoll mit Handgranaten.

»Um Gottes Willen!« Hinter Erna steht die junge Frau aus der Nachbarwohnung. Sie hält einen Karton umklammert und starrt in den schwach erleuchteten Kellerverschlag.

Der Mann schiebt sich langsam durch die Menschenmenge nach vorn, wo die Frau im grünen Kleid gerade Autogramme schreibt. Er muss sie ansprechen, jetzt! Er wird ihr sagen, dass sie zusammenleben werden, es geht gar nicht anders. Aber er muss sich beeilen, gleich wird die Frau im Kino verschwunden sein. Von Ferne ist eine Sirene zu hören. Geh näher ran, geh näher ran. Noch zwei Meter! Er kann die Frau jetzt riechen. Auf ihrem Schlüsselbein ist eine kleine helle Narbe, die aussieht wie ein Insekt mit Beinchen. Die Sirenen kommen näher. Ein Mädchen mit rosa Katzenhaarspangen drängt sich zwischen ihn und die Frau. »Ich finde dich so schön, gibst du mir auch ein Autogramm?«

Die Frau lächelt. »Wie heißt du denn?«

»Janina«, sagt das Mädchen, »und wenn ich groß bin, will ich auch mal Filmschauspielerin werden!«

Hinter der Menschenmenge hält ein Polizeiwagen mit quietschenden Reifen. Dahinter noch einer, dann ein ganzer Mannschaftsbus, aus dem Männer in schwarzen Monturen springen.

Der Mann wird von der wogenden Menschenmenge zur Seite gerissen.

»Wir möchten Sie bitten, das Gelände unverzüglich zu räumen«, scheppert es durch ein Megafon. »Wir müssen hier weitläufig evakuieren.«

Die Frau im grünen Kleid ist nicht mehr zu sehen. Die Polizisten schieben die Menschenmenge nach hinten und ziehen ein Absperrband.

»Was ist denn passiert?«, fragt einer der Umstehenden einen Polizisten.

»Wir haben eben gerade eines der größten Waffendepots Hamburgs gefunden, da hat irgendein Spinner wohl jahrzehntelang gesammelt. Sehen Sie mal zu, dass Sie hier wegkommen – man weiß ja nie!«

Der Mann ist ganz langsam ein paar Schritte weitergegangen. Er wird die Frau im grünen Kleid schon wiederfinden. Er hat sie immer wiedergefunden. Aber jetzt muss er nach Hause. Es ist nicht mehr weit und zweimal darf er heute auch noch rechts abbiegen.

Bildung, Boheme und Völkerkunde – im Herzen des Grindelviertels

Das Grindelviertel im Stadtteil Rotherbaum ist das ehemalige und inzwischen wieder neu belebte jüdische Viertel in Hamburg. Vor der Nazizeit lebten hier 25.000 Juden, über 50 Prozent der gesamten damaligen jüdischen Bevölkerung Hamburgs – heute sind es immerhin wieder 4.000, vorwiegend aus Osteuropa, Tendenz steigend. 1805 wurde die **Talmud Tora Schule** gegründet (heute am Grindelhof 30), eine jüdische Religionsschule mit ganztägigem kostenlosem Unterricht. 1942 musste die Schule unter der Herrschaft der Nazis schließen, von den deportierten Schülern und Lehrern überlebten nur wenige. Nach dem Krieg kaufte die Stadt das Gebäude und nutzte es unter anderem als Bibliothek. 2004 wurde es an die jüdische Gemeinde zurückgegeben und als Gemeindezentrum wiedereröffnet, inzwischen beherbergt es eine jüdische Grundschule, in der auch Hebräisch unterrichtet wird.

Im Grindel stehen prächtige Gründerzeitaltbauten und Deutschlands erste Hochhaussiedlung, die zwölf denkmalgeschützten **Grindelhochhäuser**. Hochhäuser faszinieren mich. Hier kann auf exakt gleicher Wohnungsfläche die größtmögliche Unterschiedlichkeit stattfinden, und das Tür an Tür – das ist einfach ein Leckerbissen fürs Kopfkino.

Zugegeben – schön sind die Grindelhochhäuser nicht, die ursprünglich als Hauptquartier für die britische Besatzung konzipiert worden waren, aber sie erzählen einen wichtigen Teil dieses Viertels nach dem Krieg, als es noch das Schickste und Verwegenste überhaupt war, hier eine Wohnung zu beziehen.

Das Grindelviertel ist wohl das gebildetste in ganz Hamburg. Hier wird nicht mit Reichtum geprotzt, hier wird der Status über Bildung manifestiert. Hier liegt die Hamburger Uni, hier bevölkern Studenten und Studierte die Kneipen, man sieht Bildungsbürger mit Einstecktuch, gealterte Journalisten und viele Bücherleser in den Cafés. Es geht manierlich zu, ohne laute Pose, aber andere Milieus fehlen im Gesamtbild des Grindelviertels. Die Wohnungen besitzen den üppigsten Stuck und das schönste Parkett in Hamburg, manchmal weht ein Hauch von Boheme über dem Viertel. Aber ein erlesener, weit entfernt vom schluffigen Schanzenstyle. Weinhandlungen, Galerien und Fachbuchläden gibt es hier in einer Dichte wie kaum sonst in Hamburg. Und die Arbeitslosenquote ist die niedrigste der ganzen Stadt.

Das theatrale Herzstück des Grindelviertels sind die **Kammerspiele**. In der klassizistischen Villa befand sich bis 1941 das kulturelle Zentrum der jüdischen Gemeinde, dann wurde das Haus an die Stadt Hamburg zwangsverkauft. Ausgerechnet hier war die Sammelstelle für Deportationen, 1942 wurden 375 Menschen von hier aus nach Auschwitz gebracht. 1945 eröffnete die jüdische Schauspielerin Ida Ehre die Kammerspiele als Theater. Hier wurde Wolfgang Borcherts *Draußen vor der Tür* uraufgeführt, und bis heute zeigt das Privattheater mit über 400 Plätzen hochklassige Produktionen und Lesungen.
Hartungstraße 9–11, Rotherbaum
Kartenreservierung: Tel. 08 00/4 13 34 40
www.hamburger-kammerspiele.de

Das **Abaton** war nicht nur das erste Programmkino Deutschlands, es ist auch eines der wenigen, die nicht synchronisierte Originalfassungen zeigen. Hier finden neben Filmpremieren auch Theateraufführungen und Filmgespräche statt, und überhaupt ist es eines der nettesten Kinos in Hamburg.

Allende-Platz 3, Rotherbaum

Kartenreservierung: Tel. 0 40/41 32 03 20

www.abaton.de

Die **Pony Bar** direkt nebenan ist prima für ein Après-Kino-Bierchen, sehr studentisch, aber auch für Erwachsene ein feiner Ort, um Lesungen und Jazz-Sessions zu lauschen und kleine Ausstellungen zu sehen. Und jeden letzten Sonntag im Monat gibt's Weißwurstfrühstück!

Allende-Platz 1, Rotherbaum

www.ponybar.com

Die bestsortierte Videothek der Stadt ist der **Filmgarten Hamburg** – ach was, Videothek! Eine Schatzkiste feinster Filmperlen mit insgesamt über 10.000 DVDs und Blue Rays. Für zehn Euro Monatsgebühr kostet die Ausleihe von heute auf morgen nur einen Euro.

Grindelallee 37, Rotherbaum

www.vielegutefilme.de

Wie für Fantasy-Nerds und *Herr-der-Ringe*-Freaks gemacht ist **Andere Welten**, ein Shoppingparadies randvoll mit Klingonenkostümen, Action-Figuren, Zauberstäben, Spock-Ohren und Batmobilen. Eine atemberaubende Auswahl!

Grindelallee 77, Rotherbaum

www.anderewelten.de

Wer an seiner Zirkus- oder Kleinkunstkarriere feilt, der findet bei **Pappnase** sämtliche Dinge, die man zum Jonglieren, Schminken, für akrobatische Spielereien und den pyrotechnischen Hausbedarf braucht.

Grindelallee 92, Rotherbaum

www.pappnase-hamburg.de

Kurz vorm Kino ist eine Wurst im Imbiss **Curry Grindel** Ecke Rentzelstraße/Grindelallee eine prima Sache. Einer der besten Imbisse in Hamburg mit entzückenden Menschen hinterm Tresen!

Rentzelstraße 2, Rotherbaum

Das **Café Leonar** ist ein wunderbares Kaffeehaus in altem Stil mit Sofas, Spiegeln, vielen Zeitungen, hochkultivierter Atmosphäre und leckerer jüdischer Küche von Mezze bis Bagels.

Grindelhof 87, Rotherbaum

Tel. 040/41353011

www.cafeleonar.de

Direkt angegliedert ist der **Jüdische Salon**, der sich allen Bereichen der jüdischen Kultur widmet, von Veranstaltungen zu religiösen Fragen über literarische Lesungen bis hin zu Musik und Psychoanalyse.

Grindelhof 59, Rotherbaum

Tel. 040/41910155

www.salonamgrindel.de

Mein allerliebstes Hamburger Museum ist das **Museum für Völkerkunde**. Der ehrwürdige Bau mit dem riesigen Marmor-Entree beherbergt liebevoll präsentierte Kunst und Kulturgüter aus allen Teilen der Welt – und fast immer ist das Museum angenehm wenig besucht. Hier finden sich ägyptische Mumien, Masken aus der Südsee, ein echter Indianer-Cadillac, in dem natürlich Platz genommen werden darf, und ein komplettes nachgebautes Maori-Haus. Überhaupt ist das Völkerkundemuseum ein echtes Anfassparadies, hier kann man Schubladen aufziehen, dort irgendwo hineinklettern. Für alle, die sich schon immer einmal im Museum einschließen lassen wollten, einfach wunderbar – nur dass man hier sogar (fast!) alles erlaubterweise tun darf.

Rothenbaumchaussee 64, Rotherbaum

www.voelkerkundemuseum.com

23:00

Eppendorf

Jetzt erst mal einen Grappa auf den Schrecken! Der Wim wird sicher auch noch kommen, den sieht man hier öfter. Und ich kenne ihn ja nun auch schon bald 30 Jahre… Giovanni!«, ruft einer der beiden Männer mit den bunten Brillen dem vorbeihastenden Kellner zu. »Mach mal zwei Plätze für uns klar! Und mach die Nachrichten an, dann weißt du auch, wo wir gerade herkommen!«

Bei Da Luchino ist es brechend voll. Holzstühle scharren über den polierten Steinboden, Kellner wieseln mit vollen Tabletts zur Küche und wieder zurück. Alle Tische sind besetzt, meist mit Paaren oder solchen, die es heute vielleicht noch werden.

Im Hintergrund krächzt Zucchero über die Schönheit italienischer Frauen. Neben der Eingangstür gießt sich ein Zehnertisch postklimakterischer Damen die nächste Runde Valpolicella ein.

In einer Ecke am Zweiertisch widmet sich ein Paar der kultivierten Balz. Sie spielt abwechselnd mit losen Haarsträhnen oder zupft an ihren Perlohrringen, während sie die sorgfältig geschminkten Lippen schürzt. Der Mann im hellen Anzug erhebt die Stimme, während er von seinen Geschäftsabschlüssen erzählt, senkt sie aber geschickt, als er sich ihr entgegenbeugt und raunt, dass er schon lange nicht mehr mit einer so schönen Frau zum Essen aus war. Als die Frau zum Klo geht, ruft er mit dem Smartphone kurz sein Aktiendepot auf, dann bestellt er eine zweite Flasche Wein. Damit das heute noch was wird.

Ein Stockwerk darüber klappert ebenfalls Geschirr, das gute von Hutschenreuther. Eine gepflegte Dame mit grauer Kurzhaarfrisur nestelt an der Schluppe ihrer cremefarbenen Seidenbluse und räumt die Teller zusammen. An den Wänden großformatige abstrakte Bilder und Nussbaumvitrinen voller Bücher, die bis knapp unter die prunkvollen Stuckleisten an der Decke reichen. Neben dem weißen Bauhaus-Sofa stapeln sich Bildbände über englische Gartengestaltung.

»Möchten Sie noch etwas von der Mousse à la Vanille? Auf dem Isemarkt gibt es einen ganz fabelhaften Stand, die verkaufen neuerdings frische Vanillestangen aus Tahiti …«

»Danke, das schmeckt ganz fantastisch!«

»Und was machen Sie beruflich? Alexander hat uns erzählt, Sie sind in der Werbebranche, das stelle ich mir sehr interessant vor!«

»Ja, ich bin Junior Art Director und …«

»Schwul, wie wir wissen.« Ein massiver grauhaariger Mann mit der Haltung eines Feldherren steht neben einem verschnörkelten Tisch voller Flaschen, ein Glas mit Whisky in der Hand.

»Papa, ist ja gut.«

»Was halten Ihre Eltern davon?«

»Noch ein Löffelchen Mousse? Nehmen Sie ruhig, Arndt. Jetzt lass ihn doch mal in Ruhe essen, Ernst!«

»Und für Ihre Eltern ist das alles kein Problem? Das kann ich mir kaum vorstellen. Wer von euch beiden trägt denn das Kleid, wenn ihr alleine seid?«

»Ernst!«

Ein Stockwerk darunter betreten zwei Herren in beunruhigend teuren Anzügen das Restaurant. Sie nehmen auf zwei Barhockern am Tresen Platz und schauen sich um, ohne ein Wort miteinander zu wechseln. Luchino, der Chef des Hauses, kommt aus der Küche nach vorne. Er ist klein und stämmig, neben den breitschultrigen Männern wirkt er sehr verloren. Die blicken ihn ruhig an, einer fährt sich langsam mit der Hand durch seine schwarzen gegelten Locken.

»Nächste Woche, okay? Ihr seht doch, wie voll der Laden ist.«

»Du weißt, wir sind Freunde. Lässt man Freunde warten?«

Luchino blickt nervös zwischen den Männern hin und her. »Ich hab das Geld gerade nicht. Nächste Woche, versprochen!«

»Heute, Luchino. Heute.«

Im Bauch des Hauses rumort es, die Dielen vibrieren. Laute Männerstimmen sind zu hören.

»Was ist denn da unten wieder los? Seit fast einem halben Jahr geht das schon so. Dafür hab ich keine Million für eine Wohnung ausgegeben, damit ich nun über einem Restaurant wohnen muss!« Der Vater öffnet das große Doppelflügelfenster und schaut nach unten. »Da stehen wieder die Zuhälterautos, das kann mir keiner erzählen, dass man sich nur von einem Restaurant solche Autos leisten kann. Das sind Verbrecher da unten!«

»Sollen wir vielleicht die Polizei rufen, Ernst?« Die Mutter macht ein besorgtes Gesicht und zupft an ihrer Bluse. Alexander fegt mit der Hand Krümel von der Tischdecke. Arndt sitzt mit durchgedrücktem Rücken daneben und betrachtet interessiert die Maserung der Holzdielen.

»Alex, können wir vielleicht gleich los?«, raunt er, ohne den Blick abzuwenden.

»Wo soll's denn hingehen?«, fragt der Vater vom Fenster aus. »Bestimmt nach St. Georg, was? Das ist für euch ja …«

Die Stimmen unten werden lauter. Dann kracht ein Schuss. Der Vater schreit auf, presst die Hand an sein linkes Ohr, Blut läuft ihm am Hals entlang. Er wird ganz bleich und sinkt in die Hocke.

»Oh Gott! Ernst!« Die Mutter wirft sich auf ihn.

»Ich … ich glaube, es ist nicht so schlimm … Haben die da unten geschossen? Was zum …« Der Vater löst seine blutbeschmierte Hand langsam vom Kopf. Sein linkes Ohr sieht aus, als hätte ein Tier kleine Stücke herausgebissen. Draußen sind schnelle Schritte zu hören, Geschrei, Männerstimmen, das Klappen von Autotüren und das Röhren eines Motors. Arndt und Alex sind aufgesprungen und stehen am Fenster.

»Schreib das Nummernschild auf! Hast du das Nummernschild?«

Der Vater hat sich gefasst und steht schon wieder ganz gerade. »Kann hier vielleicht irgendjemand mal die Polizei rufen? Und einen Rettungswagen!«

Arndt fischt sein Handy aus der Jacketttasche und tippt.

»Für irgendwas muss der neue Schwiegersohn ja gut sein ...«

Alexander atmet hörbar ein, seine Schultern beben vor Spannung. Sein Blick bleibt am Fußboden hängen. Ein kraterartiges Loch in der Größe einer Nuss prangt im ansonsten makellosen Holz. Der Vater blickt zur Decke.

»Da ist ein Durchschuss! Da oben steckt die Kugel!«

Alle schauen zu dem kleinen dunklen Fleck im Stuck, um den herum sich etwas anderes ausbreitet.

Es tropft. Zuerst aus dem kleinen Loch, dann rinnt das trübe Wasser über die Gipsranken und Ornamente. Es regnet trübes Wasser von oben, in das Plätschern mischt sich das Heulen einer Polizeisirene.

Die Mutter wischt sich einen Tropfen aus dem Gesicht.

»Ich fürchte, das war das Aquarium von den Bösendorffs, das mit den Feuerfischen ...«

Reich und schön – Eppendorf

Eppendorf ist schön. Herrschaftliche Gründerzeithäuser reihen sich aufs Prachtvollste aneinander. Kanäle durchziehen den Stadtteil so malerisch, dass man fast meinen könnte, man sei in Paris. Eppendorf war vor 200 Jahren – wie der Name schon verrät – ein Dorf, in dessen Zentrum der Eppendorfer Marktplatz lag. Und bisweilen scheinen die Spielregeln des alten Eppendorfs heute noch zu gelten, zumindest, was die Wahrung des eigenen sozialen Milieus angeht: »Die jüngeren Söhne erhalten so viel Geld, dass sie sich in der Nachbarschaft ankaufen können, und die Töchter verheiraten sich wieder mit Bauernsöhnen. Dadurch sind die Bauern der ganzen Gegend miteinander verwandt«, schrieb Karl Scheffler 1927 in seinem autobiografisch geprägtem Entwicklungsroman *Der Junge Tobias*.

Später wurde Eppendorf mit seinen Gärten und Wiesen als Sommerfrische für die reichen Hamburger genutzt, die sich zwar erholen, aber nicht allzu weit von der Stadt entfernen wollten. Industrie gab es hier nie, schon 1906 wurde Eppendorf als reines Wohngebiet ausgewiesen.

Man erkennt die besseren Viertel in Hamburg übrigens gut daran, dass dort immer zwei baugleiche Tischlampen in den Fenstern stehen – so auch in Eppendorf. Und die Eppendorfer sind so aufgeräumt, so modebewusst, so formvollendet im Benimm, dass man bisweilen ein bisschen Angst bekommt. Eppendorf ist erschreckend perfekt. Die Kinder sind gut gekleidet, auf Bildung wird viel Wert gelegt. Die Eppendorfer Hunde haben glänzendes Fell, sind geschmeidig und nie zu fett. Auf dem Isemarkt wird das gute Biobrot gekauft, egal, was es kostet. Eppendorfer Frauen sehen niemals so aus, als müssten sie mal den Ansatz nachfärben. Eppendorf strahlt. Und viele Eppendorfer wissen das. Nur selten sieht man in Eppendorf jemanden ausrasten, nicht einmal pöbeln. In Eppendorf könnte man so gut wie jeden Passanten für eine Krankenkassenwerbung ablichten.

Aber natürlich gibt es auch hier Abweichler von dem typischen Eppendorfbild, wie es sich auf dem Isemarkt zeigt. Und es gibt allerlei notorische Quergeister, die aus Eppendorf kommen: Der Schriftsteller Wolfgang Borchert und der KPD-Vorsitzende Ernst Thälmann sind hier geboren, die Rapper Jan Delay und Samy Deluxe sind in Eppendorf aufgewachsen. Heinz Erhardt lebte hier und der großartige Harry Rowohlt tut es immer noch.

Mit einer Länge von 970 Metern ist der **Isemarkt** der längste Freiluftmarkt Europas. Und wohl der schönste Hamburgs – hier bekommt man alles, was gehobenen Futteransprüchen genügt – vom exklusiven Käse bis hin zu Trüffeln, Süßkram und Fisch. Er findet dienstags und freitags von neun bis 14 Uhr unter der Bahnbrücke zwischen den U-Bahn-Haltestellen Hoheluft und Eppendorfer Baum in der Isestraße statt, die sich dem Volksmund zufolge übrigens in Einkommensabschnitte unterteilt: in die Ise-, die Miese- und die Fiesestraße.

Das **Medizinhistorische Museum** auf dem Gelände des Universitätsklinikums präsentiert wechselnde Ausstellungen – seit ich die über Rechtsmedizin und Tatortarbeit gesehen habe, bin ich Fan! Hier kann man außerdem einen restaurierten Sektionssaal besichtigen und erfährt sehr anschaulich eine Menge über die Geschichte der Medizin.
Fritz Schumacher-Haus (Haus N30.b,
Seiteneingang Frickestraße/Schedestraße),
Universitätsklinikum Hamburg-Eppendorf
www.uke.de/medizinhistorisches-museum

Das schönste Schwimmbad Hamburgs ist das im klassizistischen Stil des frühen 20. Jahrhunderts gehaltene **Holthusenbad**. Trotz dezent moderner Ausstattung ist es denkbar weit entfernt von kreischigen Spaßbädern und ein wunderbarer Ort für die kleine oder große Entspannung zwischendurch.

Goernestraße 21, Eppendorf

www.baederland.de/bad/holthusenbad.php

Streng genommen liegt sie im benachbarten Stadtteil Hoheluft, die **Eppendorfer Grillstation**, die man als den Spielort von *Dittsche* (mit Olli Dittrich) kennt. Hier wird jeden Sonntag live gedreht. An allen anderen Tagen ist die Grillstation ein prima Imbiss mit deftigen Leckereien wie Hähnchen, Bratkartoffeln und Eintopf.

Eppendorfer Weg 172, Hoheluft

www.eppendorfer-grillstation.de

Verbrechen und Verbrecher

Wie es sich für jede anständige Großstadt gehört, gab es auch in Hamburg das eine oder andere spektakuläre Verbrechen. Und die Hamburger Kriminalfälle sind auf jeden Fall ein unverzichtbarer Teil der Stadthistorie.

Einer meiner erklärten Lieblingssätze ist dieser: »Spaziergänger machten einen grausamen Fund.« Im Fall von **Fritz Honka** waren es Feuerwehrmänner, die am 17. Juli 1975 in einer Dachwohnung in der Zeißstraße in Altona bei einem Hausbrand Leichenteile fanden. Die Wohnung gehörte dem Nachtwächter Honka, der gerade ahnungslos von der Arbeit kam und sofort festgenommen wurde. Honka hatte in den Jahren zuvor immer wieder ältere obdachlose Prostituierte aus den Kneipen Elbschlosskeller und Goldener Handschuh (beide am Hamburger Berg auf St. Pauli) mit nach Hause genommen.

Wer sich einmal einen kleinen Eindruck verschaffen will, dem rate ich zu einem Besuch der genannten Lokalitäten, am besten morgens ab vier – beide Kneipen sehen noch genauso aus wie vor 40 Jahren. Hier liegen Verzweiflung und dumpfer Spaß so dicht beieinander wie sonst kaum irgendwo, hier sah ich schon Frauen im Rentenalter strippen und Menschen bei geschätzten zwei Promille völlig die *façon* verlieren, hier ist nichts hip oder schick, hier hoffen alle, dass noch irgendwas geht, heute Nacht oder überhaupt noch mal, man säuft Korn mit Brause und liegt sich in den Armen oder droht sich gegenseitig Prügel an.

Fritz Honka hat insgesamt vier Frauen ermordet und drei davon zerstückelt in seiner Wohnung aufbewahrt (Leichenteile der vierten Frau fand man abgelegt auf Schrottplätzen in Altona), in kleinen Abseiten in der Wand, die auf St. Pauli auch heute noch »Honkastübchen« genannt werden. Um den Leichengeruch zu überdecken, hat Honka Hunderte von Kloduftsteinchen in seiner Wohnung verteilt.

Honka schielte, hatte verknorpelte Hände, und sein damaliger Strafverteidiger Widmaier beschreibt die erste Begegnung folgendermaßen: »Und dann kam ein kleines, schüchternes, mitleiderregendes Männlein.« Später wurde Honka vor Gericht von Rolf Bossi vertreten, zu 15 Jahren Haft verurteilt und anschließend in die psychiatrische Klinik Hamburg-Ochsenzoll eingewiesen. 1993 wurde er entlassen und lebte die letzten Jahre aus Gründen des Persönlichkeitsschutzes unter anderem Namen in einem Heim bei Scharbeutz. Man erzählt sich, er habe sich dort so einsam gefühlt, dass er wieder zurück nach Ochsenzoll wollte, wo er schließlich 1998 starb.

Eins der grausigsten Kapitel der Hamburger Kriminalgeschichte ist jenes über **Lutz R.**, den »Sado-Kürschner« von Rahlstedt. Manche Menschen behaupten ja, sie könnten einen Verbrecher schon am Gesicht erkennen. Ich halte das grundsätzlich für Mumpitz, im Fall von Lutz R. würde ich allerdings eine Ausnahme machen. Zwischen 1986 und 1991 hat R. zwei Frauen entführt, ihre Konten leer geräumt, sie in seinem selbstgebauten »Atombunker« gefoltert, das Ganze auf Fotos und Tonbändern festgehalten, sie anschließend zerstückelt und in Salzsäure aufgelöst.

Ansonsten führte der Kürschner ein unauffälliges Familienleben und mordete nur, wenn seine Ehefrau gerade nicht zu Hause war. 1991 entführte er die neue Lebensgefährtin seines Chefs, dessen Ehefrau ihm vor Jahren bereits zum Opfer gefallen war. Als eine Lösegelderpressung scheiterte, ließ er die Frau frei und wurde kurz darauf verhaftet. Wenn die diensthabende Polizistin, die die Frau verhörte, sich nicht an andere Verschwindensfälle erinnert und daraufhin die Einrichtung einer Sonderkommission erwirkt hätte, wäre Lutz R. lediglich wegen erpresserischen Menschenraubs verurteilt worden.

Auf R.s Grundstück fanden sich mehrere Fässer mit Salzsäure und menschlichen Überresten. Das Gericht verurteilte ihn 1996 zu lebenslanger Freiheitsstrafe mit anschließender Sicherheitsverwahrung.

Werner »Mucki« Pinzner markiert das Ende der Ganovenehre auf St. Pauli so eindeutig und so brutal wie kein anderer – auf dem Kiez gibt es die Zeitrechnung vor und nach Pinzner. Vorher prügelte man sich zwar standesgemäß um Frauen, Bordellbeteiligungen und Männchenehre, aber Waffen waren kaum im Spiel. Daher gibt es auch im alten St.-Pauli-Nachtjargon eine Menge Begriffe für »ein paar auf die Fresse«, zum Beispiel »jemanden aufbügeln« oder »jemandem einen Scheitel ziehen«, den Barmbeker Kuss (eine Kopfnuss gegen die Nase), den Karnickelschlag (ein Hieb mit der Handkante ins Genick), Grönland- bzw. Hongkongschwalben (Ohrfeigen, entweder mit der Handfläche oder dem Handrücken ausgeführt) – aber es gab keine einzige Vokabel für den tätlichen Angriff mit einer Waffe.

Als mehrere rivalisierende Gangs Anfang der 1980er-Jahre auf dem Kiez regierten, saß Werner Pinzner gerade im offenen Vollzug eine Haftstrafe wegen bewaffneten Raubüberfalls ab. Er ließ sich als Auftragskiller anwerben und beging noch während seiner Freigänge die ersten Morde. 1984 wurde er aus der Haft entlassen, und bis zu seiner erneuten Verhaftung 1986 hatte er bereits 14 Menschen getötet. Er hatte gehofft, sich auf diese Weise im Milieu genügend Respekt zu verschaffen und an Bordelleinnahmen beteiligt zu werden, aber für alle Rotlichtgrößen blieb er nur der »Mucki«, den keiner wirklich für voll nahm.

Als ruchbar wurde, dass Pinzner in der Haft über seine Auftraggeber aussagen könnte, gab es bereits Planungen, ihn im Gefängnis zu ermorden. Am 29. Juli 1986 wurde Pinzner ins Polizeipräsidium am Berliner Tor gebracht. Er hatte darauf bestanden, dass seine Frau Jutta dabei sein sollte, nur dann würde er aussagen. Ebenfalls anwesend waren Pinzners Anwältin, der Staatsanwalt Wolfgang Bistry und eine Schreibkraft. Jutta Pinzner hatte es geschafft, in ihrer Unterwäsche eine Pistole unbemerkt ins Präsidium zu schmuggeln und auf der Toilette in ihrer Handtasche zu deponieren. Als der Staatsanwalt mit den Worten »Na, dann schießen Sie mal los!« das Verhör eröffnete, zog Pinzner die Waffe aus der Handtasche seiner Frau und erschoss Wolfgang Bistry. Danach telefonierte er kurz mit seiner Tochter, erschoss seine Frau und anschließend sich selbst.

Die beiden damaligen Hamburger Senatoren für Inneres und Justiz traten deshalb und aufgrund der nachfolgend aufgedeckten massiven Sicherheitsmängel im Strafvollzug zurück.

Zu den großen Phänomenen in der Verbrechensgeschichte gehört bizarrerweise, dass gerade brutale, sadistische Frauenmörder oft von Frauen angeschwärmt werden, Heiratsanträge bekommen und sich in ihrem Dunstkreis die eine oder andere Therapeutin oder Krankenschwester findet, die ihnen zur Flucht verhilft. So auch bei **Thomas H.**, dem »Heidemörder«. Zwischen 1987 und 1990 ermordete und zerstückelte H. drei junge Frauen.

1993 wurde er zu lebenslanger Haft verurteilt. 1995 verhalf ihm seine damalige Therapeutin zur Flucht aus dem psychiatrischen Krankenhaus. Über drei Monate wurde nach H. gesucht, schließlich wurde seine Therapeutin unter dem Verdacht der Fluchthilfe verhaftet. Einen Tag später stellte sich H. bei der Uhlenhorster Polizeiwache. Er hatte sich in einer Wohnung im Stadtteil Hohenfelde versteckt – Tür an Tür mit einem Kriminalbeamten. 1997 heiratete H. seine ehemalige Therapeutin in der Untersuchungshaft. Die beiden klagen bis heute immer wieder auf ungestörte Zusammenkünfte in der Haftanstalt – glücklicherweise erfolglos.

Jan-Philipp Reemtsma braucht mein Mitleid ganz sicher nicht. Trotzdem habe ich es im Überfluss, denn er ist einer der ehrenwertesten und sozial verantwortlichsten Millionäre, die ich von Weitem kenne. Hätten **Thomas Drach** und Konsorten – wenn überhaupt! – nicht einfach einen gewissenlosen Geldsack entführen können? Solche gibt es Hamburg schließlich auch.

Im März 1996 wurde Jan-Philipp Reemtsma auf seinem Grundstück in Blankenese entführt und ein Brief mit einer Lösegeldforderung von 20 Millionen Mark hinterlegt. Reemtsma wurde derweil im Keller eines Hauses im Landkreis Osterholz unter sehr unwürdigen Umständen gefangen gehalten. Nach mehreren gescheiterten Geldübergabeversuchen erhöhten die Entführer ihre Forderung um weitere zehn Millionen Mark. Reemtsmas Angehörige organisierten schließlich selbst eine Geldübergabe, ohne die Polizei mit einzubeziehen. Nachdem die Entführer das Geld in der Nähe von Krefeld erhalten hatten, ließen sie Reemtsma nach 33 Tagen Gefangenschaft unverletzt frei. Über diese Zeit schrieb Reemtsma ein Jahr später das sehr eindringliche und aufwühlende Buch *Im Keller*.

Thomas Drach, der Kopf der Entführer, wurde 1998 in Argentinien ausfindig gemacht, verhaftet und zwei Jahre später nach Deutschland ausgeliefert. Drach wurde zu 14,5 Jahren Haftstrafe verurteilt, seine ebenfalls gefassten Komplizen erhielten Strafen zwischen fünf und zehn Jahren. Rätselhaft ist nach wie vor, was mit dem Großteil des Lösegeldes geschehen ist – bisher sind lediglich 1,3 Millionen Mark wieder aufgetaucht.

»Stefanie ist ein Geschenk des Himmels. Ihre Augen funkeln wie Diamanten, ihr Haar glänzt wie Seide.« – **Günter P.** ist bis heute ein glühender Verehrer von Steffi Graf. Er verbat sich und anderen das despektierliche »Steffi«, schickte ihr anonym Blumen und Geld zum Geburtstag und dachte sogar an Selbstmord, als Monica Seles seine Angebetete 1990 besiegte und 1991 schließlich vom ersten Platz der Tennis-Weltrangliste verdrängte.

30. April 1993, Tenniscourt am Rothenbaum, Monica Seles gegen Magdalena Maleewa. Der damals 38-jährige P. zieht unbemerkt ein Filetiermesser aus einer Plastiktüte und sticht es Monica Seles in den Rücken. Er wollte Seles für die Zeit spielunfähig machen, die Steffi Graf brauchen würde, um wieder auf Platz eins zurückzukehren.

Die Gerichtreporterin Gisela Friedrichsen schrieb 1995 im *SPIEGEL* über P.: »Am besten gefiel es ihm daheim bei der Tante in bescheidensten Lebensverhältnissen, bei der es auch am besten schmeckte. Vor allem von ihrem Kuchen (›Kalter Hund‹) ist er angetan: ›Kuchen ist meine Welt.‹ Die Tante und er: ›Wir essen nur, was wir kennen‹ – ›wir machen keine Schulden‹ – ›wir sind ein häuslicher Typ.‹«

Ein bedauernswerter, einsamer Kerl also, der jetzt wieder in seinem thüringischen Heimatort lebt und ohne seine Steffi-Graf-Obsession wahrscheinlich niemals irgendwie auffällig geworden wäre.

Ganz anders dagegen **Mathias Rust** aus Wedel, was streng genommen gar nicht mehr zum Hamburger Stadtgebiet gehört. Aber die Geschichte ist einfach zu spektakulär, da lassen wir mal Fünfe gerade sein.

Mathias Rust war wohl schon seit jeher ein eigenwilliger Geselle. 1987 flog er im zarten Alter von 19 Jahren mit einer Cessna ungeachtet der geltenden Luftfahrtsregeln vom Hamburger Flugplatz Fuhlsbüttel bis nach Moskau und landete dort publikumswirksam in direkter Nähe des Roten Platzes. Er habe etwas für den Weltfrieden und die Völkerverständigung tun wollen, sagte der den zahlreich erschienenen Journalisten. Diese Aktion wurde mit Wohlwollen bis hin zur Bewunderung aufgenommen, Rust war so etwas wie ein Volksheld. Sogar die Fliegerin Elly Beinhorn gratulierte persönlich.

Trotz allem brachte ihm dieser Flug eine Verurteilung zu vier Jahren sowjetischer Lagerhaft ein (wegen illegaler Einreise, Verletzung internationaler Luftfahrtregeln und schweren Rowdytums), die aber auf diplomatischen Druck hin auf 14 Monate verkürzt wurde.

Nach seiner Rückkehr nach Deutschland wurde es still um den Kremlflieger – bis zum 23. November 1989. Rust leistete gerade in einem Krankenhaus seinen Zivildienst ab und hatte ein Auge auf eine junge Schwesternschülerin geworfen. Beim Versuch, sie zu küssen, wies sie ihn barsch ab, woraufhin er sie mit zwei Messerstichen lebensgefährlich verletzte. Rust wurde wegen versuchten Totschlags »in einem minderschweren Fall« zu der überraschend milden Strafe von zweieinhalb Jahren verurteilt und im Oktober 1993 nach nur 15 Monaten vorzeitig entlassen.

Nachdem er sich eine Weile als Kellner in Moskau versucht hatte, wurde er 2001, zurück in Deutschland, erneut straffällig, diesmal wegen des Diebstahls eines Pullovers. Er gründete kurz darauf die Organisation Orion und Isis, einen sektenartiger Zusammenschluss von Menschen, die sich dem Weltfrieden verpflichtet fühlen. Nachdem Rust angeblich eine Weile als professioneller Pokerspieler und Mitarbeiter einer Agentur für Boots- und Autorennen in Estland sein Geld verdiente, soll er heute als Finanzberater tätig sein.

Im Schauspielhaus übrigens läuft hin und wieder die sehr sehenswerte Studio-Braun-Inszenierung *Rust – ein deutscher Messias* – lohnt sich!

Adolf Petersen, auch »Lord von Barmbek« genannt, war der Prototyp des Gentlemanverbrechers. 1882 im Stadtteil Hamm geboren, beging er bereits in jungen Jahren zahlreiche Einbrüche und Überfälle, das aber stets tadellos gekleidet und mit besten Manieren. Er führte seine Bande wie ein hanseatisches Unternehmen, im großen Stil und deutschlandweit. 1922 wurden ihm bereits über 200 Delikte zugeschrieben. Legendär war sein Überfall auf das Postamt in der Susannenstraße im Schanzenviertel 1920. Der diensthabende Beamte wurde »mit größter Gemütsruhe« in einen Schrank gesperrt, der Chef persönlich brach den Tresor auf, und die Bande erbeutete insgesamt 222.000 Mark.

Petersen wurde 1924 zu einer Gesamtstrafe von mehr als 50 Jahren Zuchthaus verurteilt – also einer Gefängnisstrafe mit Zwangsarbeit und Ähnlichem – und zu 25 Jahren Ehrverlust – der Aberkennung seiner bürgerlichen Rechte. Die Zuchthausstrafe wurde 1931 in eine Gefängnisstrafe umgewandelt, und nach mehreren Gnadengesuchen wurde er 1932 vorzeitig aus dem Gefängnis Fuhlsbüttel entlassen – wegen »vorbildlicher Führung«.

Nach einem Jahr in Freiheit deutete allerdings vieles darauf hin, dass Petersen inzwischen erneut zum Kopf einer Einbrecherbande avanciert war, zudem war bei seinem Bruder Arnold Petersen Falschgeld gefunden worden. Der »Lord« wurde daraufhin verhaftet, jedoch knapp sechs Wochen später unter bis heute unklaren Umständen wieder freigelassen. Im Oktober 1933 wird Petersen von dem ebenfalls lange gesuchten Verbrecher Ernst Hannack angeschossen, Hannack kann rechtzeitig vor der eintreffenden Polizei flüchten, Petersen wird wieder verhaftet. Am 21. November 1933 erhängte sich der »Lord« in seiner Gefängniszelle.

Wenden wir uns zum Schluss einer deutlich charmanteren Seite des Verbrechens zu: der Hochstapelei. Gier frisst Hirn, das weiß schon der Volksmund. Die Kundschaft von **Jürgen Harksen** war so sehr von der Gier geschüttelt, dass das Rückenmark vor lauter Kassenklingeln vibrierte. Hirn war hingegen nicht mehr in rauen Mengen im Spiel. Wie anders ist es zu erklären, dass Menschen auf ein Renditeversprechen von 1.300 Prozent hereinfallen? Zudem konnte Harksen auf eine onkelhafte Weise Vertrauen erwecken und derart brillant lügen, dass man sich nicht sicher sein kann, ob man nicht vielleicht selbst sogar … »Ich hätte bei mir kein Geld angelegt, um Himmels Willen!«, sagte immerhin Jürgen Harksen selbst gegenüber *SPIEGEL TV*.

Harksen begann 1986, mit seinem nur auf dem Papier existierenden Investmentunternehmen Nord Analyse und seinem fast schon ordinär zur Schau gestellten Reichtum Hamburger Anleger anzulocken. Er veranstaltete rauschende Ballnächte in seiner Villa und schüttet zuerst nach dem Schneeballsystem auch tatsächlich angebliche Renditen aus, um sich das Vertrauen seiner Kunden zu erhalten. Dass so etwas nicht lange gut gehen kann, ist klar. Harksen floh 1993 nach Kapstadt und vertröstete die auf ihr Geld wartenden Hamburger mit Partyeinladungen in sein südafrikanisches Domizil. Die juristischen Auseinandersetzungen nahmen zu, 2002 wurde er nach Deutschland ausgeliefert.

Vom Gefängnis aus veröffentlichte er seine Memoiren *Wie ich den Reichen ihr Geld abnahm* und wurde 2008 aus der Haft entlassen, 2009 drehte Dieter Wedel den Film *Gier*, der von Harksens Geschichte inspiriert war. Heute arbeitet Harksen auf Mallorca im Weinhandel, und ich bin mir sicher, er ist ein guter Verkäufer.

00:00

St. Georg

Alex und Arndt sitzen mit einem der Polizisten in der Bellini-Bar. Am Nachbartisch streicheln sich zwei Jungs zwischen leeren Wodkagläsern die Hände. Hinter dem Tresen steht ein trainierter Kerl mit einer hautengen Lederhose und einem schwarzen Netztop und mixt einen Drink.

»Ich weiß noch, als mein Vater erfahren hat, dass ich schwul bin, as gab ein Donnerwetter! Ausgerechnet MEIN Vater, der war damals beim SEK, er war dabei, als sie Mucki Pinzner gefasst haben. Dein Vater ist aber auch ein ganz schöner Brecher, Mannomann!«, sagt der Polizist.

»Das kannst du laut sagen«, sagt Arndt. »Meine Mutter nimmt das lockerer, ich glaube, sie findet es insgeheim sogar ein bisschen schick, dass ich schwul bin.«

»Ich glaube, das ist bei meiner Mutter genauso«, sagt der Polizist, »nur mein Vater, der fragt immer noch, ob das nicht doch noch mal was wird mit den Mädels. Der hat mir sogar schon mal Hetenpornos mitgebracht.«

»Oh Mann ...«

»Ich finde es so einfach mit Männern«, sagt Arndt, »mit einer Frau, das kann ich mir nicht vorstellen. Gott, wie kompliziert! Tony, machst du uns noch drei Caipi?«

»Letzte Runde«, sagt der Barkeeper. »Ich muss morgen früh zum Finanzamt. Und da will ich nicht auch noch aussehen wie eine versoffene Schwulette!«

Während der Polizist Tony hinter dem Tresen zuzwinkert, fallen Alex vor Müdigkeit fast die Augen zu. Als der Caipi vor ihm steht, nimmt Arndt noch mal richtig Fahrt auf: »Männer und Frauen passen einfach nicht zusammen, das weiß man doch! Die haben einfach verschiedene Wahrheitsbegriffe in die Hirnrinde gestanzt. Stellt euch doch nur mal vor, ein Mann hat seiner Frau einen Flirt verschwiegen, die jedoch ist bereits informiert. Von einer Freundin natürlich. Wenn sie fragt: ›Was war mit der anderen?‹, und er antwortet: ›Nichts‹, wird sie ihm nicht glauben, schließlich versteht sie schon Blicke, Gesten und zusammengesteckte Köpfe als eindeutige Bedrohung für die gemeinsame Zukunft. Mit der Informantin wird ein kurzer Realitätsabgleich gemacht, sie sieht's genauso. Er hingegen fühlt sich missverstanden, denn was ist schon ein kurzes Update der männlichen Potenz? Dann wird er schweigen, weil es nichts mehr zu sagen gibt. Und sie wird dieses Schweigen, je nach Egostärke, als Schuldeingeständnis werten oder bereits als Absage ans gemeinsame Leben. Und damit verdienen Paartherapeuten auch noch Geld! Prost!«

Alex ist im Sitzen eingeschlafen. Tony ist an den Tisch gekommen und hat seine Hand auf die Schulter des Polizisten gelegt. Von draußen klopft jemand an die Scheibe. Eine hochgewachsene Dame mit auffälligem Kehlkopf winkt mit behaarter Hand. Tony winkt zurück. »Das ist Consuela, die muss gleich wieder auf Schicht…«

Der Hansaplatz liegt verlassen im Dunkeln. Die Bars und Cafés rundherum sind schon geschlossen, kein Mensch ist auf der Straße. Nur hier und da regt sich etwas in den Hauseingängen. Damen mit Bartschatten und Schuhen mit Absätzen so hoch wie Trittleitern warten auf Kundschaft. Ein Flaschensammler ruckelt mit seinem Hackenporsche übers Pflaster und verschwindet hinter einer Ecke.

Ein weißer Audi fährt vor, drinnen hämmert basslastige Musik. Die getönte Scheibe wird heruntergelassen.

»Wie läuft's?«, fragt eine Männerstimme.

»Heute ist nichts los, siehst du ja.« Consuelas Stimme rutscht unentschieden im Kehlkopf herum.

»Gib mir eben, was du hast. Und sieh zu, dass morgen mehr rumkommt.«

Consuela greift in ihre Handtasche, zieht einen zerknitterten Hunderter heraus und reicht ihn durchs Autofenster. Im Hauseingang gegenüber setzt eine gebeugte Gestalt mit strähnigen Haaren gerade eine Spritze in der Armbeuge an. Ganz oben im Haus brennt noch Licht.

»Ey, du Junkienutte, verpiss dich hier!«, dröhnt es aus dem Audi.

Die Gestalt im Hauseingang reagiert nicht. Die Musik im Auto verstummt. Ein gut gebräunter Mann mit Glatze und mächtigem Nacken steigt aus. Er bemerkt nicht, wie oben leise das Fenster geöffnet wird. Er tritt auf die Gestalt im Hauseingang zu. »Hast du mich gehört? Verpiss dich, sonst schlag ich dir deine Junkiefresse ein!«

Von oben kommt ein schabendes Geräusch, der Mann kann es nicht deuten und hebt den Kopf. Der Schwall Dreckwasser trifft ihn mitten ins Gesicht.

»Verpiss du dich! Zuhälter haben hier nichts zu suchen! Lass die Mädels in Ruhe und such dir ’nen richtigen Beruf!«, tönt es von oben. Die Gestalt aus dem Hauseingang springt auf und rennt davon.

»Ihr verdammten Wichser«, brüllt der Mann und hämmert auf alle Klingeln an der Haustür gleichzeitig ein. Sein weißes Hemd ist stellenweise dunkel verfärbt. Ein anderes Fenster öffnet sich. Diesmal schlägt ein Blumentopf nur knapp neben ihm auf.

»Hau ab hier!«, ruft eine Frauenstimme. »Der nächste Pott landet auf deiner Karre!«

Der Mann tritt fluchend gegen die schwere Haustür. »Pass bloß auf, wenn du das nächste Mal alleine nach Hause kommst! Ich warte auf dich, du Nutte!« Dann spuckt er aus, steigt in sein Auto und fährt mit Vollgas davon.

Als das Auto nicht mehr zu sehen ist, tritt eine kleine Frau aus dem Haus auf die Straße. Sie hält einen dampfenden Becher in der Hand. »Consuela, magst du vielleicht ’nen Tee?«

»Eigentlich ist er ja ein ganz Lieber«, kiekst Consuela. »Und er meint’s bestimmt auch nicht so …«

Mehr als Heimeligkeit, Hipness und Hochkultur – zwischen Hauptbahnhof und Außenalster

St. Georg war, ähnlich wie St. Pauli, eine der losen Ansiedlungen vor den Stadtmauern, in denen die lebten, die man lieber außerhalb der Wallanlagen sah: die Henker, die Pestkranken, das Kleingewerbe, die Huren. Daraus hat sich ein stolzes Selbstverständnis entwickelt und bis heute gehalten. Der Bilderbuch-St.-Georger ist engagiert in der Stadtteilpolitik, deutlich links und oftmals schwul.

Die Lange Reihe ist die Dorfstraße des Stadtteils, man kennt sich, man bleibt auf einen Kaffee hängen. In St. Georg gibt es mehr Akademiker oder zumindest solche, für die Bildung etwas anderes ist als ein Schulabschluss und der Weltatlas im Schrank. St. Pauli dagegen ist ein alter Malocherstadtteil, vor allem die Alt-St.-Paulianer beziehen ihr Wissen eher aus Erfahrung denn aus Belesenheit. So sehr ich sie liebe – sie würden nicht wie die St. Georger zu Hunderten auf die Straße gehen, weil ein Buchladen seine unverschämt überhöhte Miete nicht mehr zahlen kann und schließen muss. St. Georg kämpft – und St. Georg hat zu kämpfen, denn es ist so bipolar gestört wie kaum ein anderer Stadtteil.

Der Steindamm war vor dem Zweiten Weltkrieg eine Prachtstraße, es hat jedoch kein einziges Haus das Bombardement heil überstanden. Durch die fatal verfehlte Baupolitik ist er vom Rest des Stadtteils abgespalten worden, verlor den Anschluss und lief aus dem Ruder. Ein Drogenstrich entstand, mit dem die Anwohner wesentlich konstruktiver umgingen als die Politik. Zeitgleich wurde es zunehmend schick, im liberalen St. Georg zu wohnen, das sich als DER schwule Stadtteil überhaupt etablierte. Investoren erkannten das Potenzial, kauften Häuser, sanierten sie, und in der Folge konnten sich viele Alteingesessene ihr Zuhause nicht mehr leisten.

Und leider trug eben ausgerechnet das »schwule Selbstbewusstsein«, das in St. Georg so frei gelebt wird wie in keinem anderen Stadtteil, dazu bei. Denn es liegt in der

Natur des Mainstreams, dass er von dem am stärksten angezogen wird, was er selbst am wenigsten ist: von Künstlern, Homosexualität, Nachtschattengewächsen, alternativen Lebensformen.

Aber bei aller Unterschiedlichkeit sind sich die St. Georger einig, wenn's um die Nachbarschaft geht. Es ist wunderbar zu sehen, dass man sich hier nicht alles gefallen lässt (St. Georg ist übrigens der einzige Stadtteil Hamburgs, der eine eigene, sehr kritische Zeitung herausbringt: *Der lachende Drache*).

Aktuelle und historische Infos:
www.einwohnerverein-stgeorg.de, www.gw-stgeorg.de

Der Sternenkreuzer unter den Hamburger Theatern ist das **Schauspielhaus**: Direkt gegenüber vom Hauptbahnhof gelegen kommt man aus der Junkievergraulungsbedudelung der Bahnhofsvorhalle mit ein paar Schritten ins Herz der Hochkultur. Etwas richtig Schlechtes sieht man hier nie, dafür jede Menge Prachtvolles – von Christoph Marthalers *Spezialisten* über Lesungen mit dem unvergessenen Robert Gernhardt bis hin zu Studio Braun und John Malkovich.

Feierlich eröffnet wurde das Schauspielhaus im Jahr 1900 nach Gründung des ersten deutschen Sprechtheaters durch den Verein Hamburger Bürger zu St. Georg. Gustaf Gründgens war hier von 1955 bis 1963 Intendant, doch erst seit der Ära Ivan Nagel, der zwischen 1972 und 1979 Größen wie Luç Bondy und Peter Zadek ans Haus holte, hat sich das Schauspielhaus vom Muff der Bürgerlichkeit weitgehend befreit. Mehrfach wurde es zum Theater des Jahres gewählt.

Im **Malersaal** neben dem großen Haus mit seinen knapp 1.200 Plätzen werden nicht nur die Produktionen des Jungen Schauspielhauses präsentiert, sondern auch Theaterstücke für Kinder und Lesungen, in der **Kantine** des Schauspielhauses zudem die Lesebühne Randale & Liebe.

Kirchenallee 39, St. Georg
Kartenreservierung: Tel. 0 40/24 87 13
www.schauspielhaus.de

In der Langen Reihe beherbergt fast jedes Haus einen zauberhaften kleinen Laden, aber der perfekte Laden für alle Papierliebhaber ist das **Blendwerk**. Hier finden sich in großer Auswahl Bilderrahmen, Notizbüchlein, Stifte und andere Dingelchen für den Freund der Schreiberei.

Lange Reihe 73, St. Georg
www.blendwerk-hamburg.de

Egal, ob man frische Gewürze, Haaröl gegen Spliss oder eine CD mit folkloristischer indischer Musik braucht – im indischen Supermarkt **Mahtabi** findet man alles und mehr. Die Jungs im Laden sind hilfsbereit und beraten auch gerne bei komplexeren Fragen zur indischen Küche.

Lange Reihe 11, St. Georg

Nach einem St.-Georg-Bummel landet man früher oder später meist im **Café Gnosa**, der Mutter aller schwulen Cafés. Weil man es immer so macht. Weil's hier so gemütlich ist. Weil die hausgemachten Kuchen eine Wucht sind.

Lange Reihe 93, St. Georg
Tel. 0 40/24 30 34
www.gnosa.de

Pet Shop Boyz ist unbestritten der entzückendste Hundeladen in ganz Hamburg. Ein liebevoll eingerichteter Tante-Emma-Laden für »Hund, Katz' und anderes Getier«, in dem man nicht nur kompetenteste Beratung, sondern auch noch einen Kaffee bekommt, während man die riesige Auswahl an Futter, Körbchen und Halsbändern durchstöbert. Hier finden sich Mitbringsel für die Tierfreunde daheim und sämtliche Spezialfutter für so kapriziöse Allergiker wie zum Beispiel meinen Hund.

Schmilinskystraße 15, St. Georg

www.pet-shop-boyz.de

Will man einmal ganz unaufgeregt unter St. Georgern beim Bierchen sitzen, ist **Max & Consorten** das Wirtshaus der Wahl. Seit über 30 Jahren trotz die Kneipe allen Trends und auch der hysterischen Hipness, die rundherum wütet – eine absolute Institution! Außerdem gibt es hier prima Essen und solide Preise.

Spadenteich 1, St. Georg

Tel. 040/2 80 22 28

www.maxundconsorten.de

Das bestbestückte Museum bildender Kunst in Hamburg ist die **Kunsthalle** mit über 700 Exponaten von den Alten Meistern über die Klassische Moderne (unter anderem Kirchner, Munch und Klee) bis hin zu zeitgenössischer Kunst von Gerhard Richter, Mona Hatoum und vielen Weiteren. Eine Vereinigung Hamburger Bürger sammelte Spenden für den Bau, 1869 wurde die Kunsthalle eröffnet. Der erste Direktor, Alfred Lichtwark, entwarf ein bahnbrechendes kunstpädagogisches Konzept, ließ erstmals in Deutschland

Amateurbilder ausstellen, Kinder Kunst bewerten und Hausfrauen den Museumskatalog gestalten. Bis heute gibt es in der Kunsthalle Kindermalkurse und andere Veranstaltungen, die einem das, was da an den Wänden hängt, ganz unelitär näherbringen.

1997 wurde die angegliederte **Galerie der Gegenwart** eröffnet, der weiße Kubus neben dem altehrwürdigen Bau, der außer Gemälden von 1960 bis heute auch Installationen, Fotos und Videokunst beherbergt. Die Sonderausstellungen sind meist hochkarätig und oft für sich schon ein Grund, wieder einmal nach Hamburg zu reisen.

Glockengießerwall, Altstadt

www.hamburger-kunsthalle.de

Feinste Fotokunst und liebevoll kuratierte Sonderausstellungen findet man in den **Deichtorhallen**. In den ehemaligen Markthallen am Rand der Bahngleise kann man spektakuläre Installationen genauso besuchen wie Workshops oder Ferienkurse, und nirgendwo in Hamburg ist man näher an den aktuellen Kunstströmungen als hier. Und es gibt einen prächtig sortierten Museumsshop!

Deichtorstraße 1–2, Altstadt

www.deichtorhallen.de

Nur ein paar Schritte entfernt liegt das **Museum für Kunst und Gewerbe**, einer thematische Wundertüte mit wechselnden Ausstellungen von Loriot und Papierkunst bis hin zu Musikinstrumenten und den 1920er-Jahren. Die Sammlung des Allroundmuseums umfasst Exponate aus den Bereichen Mode und Möbel genauso wie Fotografie und

Design. Auch die legendäre *SPIEGEL*-Kantine von Verner Panton kann man hier besichtigen.

Im Museum für Kunst und Gewerbe findet sich auch das **Hubertus-Wald-Kinderreich**. Hat man Kinder, sollte man auf alle Fälle einmal in dieses fantastische Kunstexperimentierparadies reinschauen, in dem man trickfilmen, fotografieren, basteln und wurschteln kann, dass einem das Herz aufgeht. Und für Kinder ist der komplette Spaß kostenfrei!

Steintorplatz, St. Georg
www.mkg-hamburg.de, www.gartenderdinge.de

Das verwegenste Hotel in Hamburg ist das **Hotel Village**, ein ehemaliger Nobelpuff mit goldgerahmten Spiegeln an der Decke, barocken Seidentapeten und Kristalllüstern. Doch keine Angst – aus alten Zeiten ist lediglich das Flair geblieben.

Steindamm 4, St. Georg
Tel. 040/4806490
www.hotel-village.de

Meine Lieblingseinkehr nach Schauspielhaus-Besuchen ist der **Alte Ritter**: eine prachtvolle, aus der Zeit gefallene Spelunke mit soliden Preisen, Raucherlaubnis und liebenswerter Schrabbeligkeit in einem der ältesten Häuser St. Georgs.

St. Georgstraße 1, St. Georg
www.zum-alten-ritter.de

Man kann sie auf der Langen Reihe fast übersehen, die **Bar St. Georg.** Eine handtuchschmale Kneipe mit Kunst an den Wänden und einem erfreulich unhysterischen Publikum – hier nimmt der St. Georger sein wohlverdientes Feierabendweinchen ein, raucht sein Zigarettchen und lässt diesen Oh-Gott-St.-Georg-ist-ja-sooo-hip-Quatschkram draußen vor der Tür vorüberziehen.

Lange Reihe 67, St. Georg

01:00

Hagenbecks Tierpark

Auf dem Kiesweg knirschen Schritte. Im Bärengehege direkt neben dem Eingang ist alles ruhig. Ein weißer Audi rast mit dröhnender Musik die Straße entlang. Dann ist es wieder ganz still. Ein Brunnen plätschert, in einem flachen Teich stehen einbeinig schlafende Flamingos dicht an dicht, die Köpfe seitlich ins Gefieder geschraubt.

»Sind die echt?«, fragt Chris.

»Klar sind die echt! Das is' 'n Zoo, Mann!«

»Digger, wenn jetzt 'n Bär kommt! Da ist überhaupt kein Zaun drum, bei dem Bär, weissu!«

»Mach dich mal locker, da kommt kein Bär!«, raunt Hassan.

Es raschelt. Ein kleines, pelziges Geschöpf hoppelt über den Kiesweg und verschwindet im Gebüsch. Chris schreit auf. »Scheiße, Alter, was geht? Das hat mich voll angerempelt, das Vieh da. Mann, ich hab keinen Bock mehr, lass uns gehen!«

»Das war 'n Karnickel, du Honk! Chill mal!«

»Das war ein Känguru, Alder, ich schwör! Voll das Känguru, ey!«

»Hast du was geraucht, oder was?«

»Was soll die ganze Aktion hier überhaupt?«, fragt Chris.

»Jennifer, die wäre heute fast vom Michel gesprungen! Stell dir das mal vor! Und ich lieb sie doch voll, da will ich ihr was schenken.«

»Alder, das meinst du nicht ernst! Oh Mann, ich dachte, wir gehen hier was zum Kiffen holen!«

»Im Zoo? Schon klar, Digger. Jennifer, die findet Pinguine voll süß. Und wir holen ihr jetzt einen.«

Eine Eule fliegt dicht über den Köpfen der beiden hinweg. Diesmal ist es Hassan, der erschrocken aufschreit.

»Alder, das ist voll der Zombiefilm hier! Wo sind denn jetzt die scheiß Pinguine?«

Im Gebüsch raschelt und knackt es. Wieder huscht ein Schatten quer über den Weg und verschwindet in der Dunkelheit. Vor Hassan und Chris öffnet sich eine freie Fläche mit einem ummauerten Becken, im Wasser spiegelt sich ein blasser Mond.

»Voll romantisch irgendwie. Ich hätte auch gern 'ne Freundin ...«

Chris setzt sich auf eine Bank und zündet sich eine Zigarette an.

»Komm jetzt«, sagt Hassan, »wir müssen da jetzt rein!«

»Ich geh doch nicht ins Wasser, bist du bescheuert, oder was? Das ist deine Freundin, nicht meine!«

Hassan zieht Turnschuhe und Strümpfe aus und krempelt seine Jeans hoch. Als er seinen nackten Fuß ins Wasser steckt, zuckt er zurück. »Scheiße, ist das kalt!«

Er watet auf einen kleinen Felsvorsprung zu. Aufgeschreckt gleiten zwei Pinguine mit einem eleganten Kopfsprung unter Wasser. Hassan greift nach einem, das ölige Gefieder rutscht ihm glatt durch die Hände. Er verliert das Gleichgewicht und taucht unter. Chris nimmt Anlauf und springt mit einem mächtigen Klatschen ins Becken.

»Alder, tickst du noch richtig? Wenn die jetzt alle abhauen!« Hassan wischt sich die nassen Haare aus dem Gesicht.

»Mann, ich dachte, du säufst ab!«

»Ich geh von links ran, und du von der anderen Seite, okay?«

»Ich hab mal im Fernsehen was über die gesehen«, flüstert Chris, »das sind voll die schwulen Pinguine. Ey, die wollten gar keine Alte. Denen hat so ein Tierpflegerheini 'n Ei hingelegt, und das haben die dann abwechselnd ausgebrütet. Krass, oder?«

Hassan hört gar nicht zu. Er schleicht ganz nah an den künstlichen Felsen und streckt langsam seine Hand aus. Einen halben Meter von ihm entfernt hockt ein kleiner braun-weißer Pinguin und hält den Kopf schief. Zentimeter für Zentimeter schiebt sich Hassan ihm entgegen. Als er nahe genug bei ihm ist, greift er mit beiden Händen nach einem Pinguinflügel und hält ihn fest. Der Pinguin zappelt, gibt ein klägliches Geräusch von sich und versucht, Hassan in die Hand zu beißen. »Komm schnell, Digger, das Scheißvieh beißt!«

Chris zieht seine nasse Jacke aus und wirft sie über den Pinguin. Er wickelt sie an den Enden zusammen und hält Hassan das zappelnde Paket stolz entgegen. »Geschenk für Jennifer, muss nur noch 'n Schleifchen drum!«

»Ey, der verreckt doch dadrunter! Sei mal vorsichtig, Digger!« Hassan reißt das Pinguinpäckchen an sich und pult eine Öffnung, aus der nun ein brauner Schnabel ragt.

Dann zieht er seinen Gürtel aus und wickelt ihn fest darum.

»Voll der Bondage-Pinguin!« Chris bekommt einen Lachanfall.

»Gib mal deinen Rucksack, Digger! Da kommt der jetzt rein.« Hassan stopft den Pinguin in den Rucksack und platziert ihn vor seinem Bauch wie eine Babytrage. Der Pinguin fiepst leise. Hassan und Chris machen sich auf den Rückweg. Aus dem Gebüsch kommt wieder ein pelziges Geschöpf gehoppelt.

»Wenn ich mal 'ne Freundin hab, dann klau ich ihr so'n Känguru!«

Menschen, Tiere und Schwarzlicht – rund um den Tierpark

Hagenbecks Tierpark wurde 1907 eröffnet und ist damit der älteste Tierpark der Welt. Begonnen hat die große »Liebe« zwischen Mensch und Tier allerdings auf St. Pauli. In der Lincolnstraße besaßen die Hagenbecks einen kleinen Fischhandel, und 1848 lieferten die Fischer einen Beifang von sechs Seehunden ab, die Gottfried Hagenbeck, der Vater des späteren Tierparkgründers Carl, in Bottichen und gegen Eintritt auf dem Spielbudenplatz ausstellte. 1866 übernahm Carl das Geschäft und charakterisierte seinen Vater folgendermaßen: »Mein Vater war ein ganz besonders ausgesprochener Tierfreund, das erhellt schon daraus, dass er sich stets Ziegen, eine Kuh, einen Affen, einen sprechenden Papagei, Hühner, Gänse und allerlei sonstiges Viehzeug hielt. […] Die Menagerie war also eigentlich schon fertig, noch ehe jemand an ein Geschäft mit Tieren dachte.«

Carl Hagenbeck stieg nun vollends in den Tierhandel ein und eröffnete am Spielbudenplatz eine »Handlungs-Menagerie«, eine Mischung aus Schaustellerbetrieb und Geschäft. Die Bedingungen, unter denen die Tiere importiert und gehalten wurden, würden heutzutage jeden Tierliebhaber in den Blutrausch treiben, aber Mitte des 19. Jahrhunderts fand man nichts dabei. Genauso wenig, wie Menschen aus anderen Kulturen, zum Beispiel Inuit, Schwarze und »Indianer« bei sogenannten »Völkerschauen« öffentlich auszustellen. Das entsprach damals noch vollends der europäischen Kolonialarroganz und damit dem Zeitgeist.

Hagenbeck tingelte mit Tieren und Menschen und einstudierten Zirkusnummern quer durch Deutschland, bevor er 1897 in Stellingen, damals ein Dorf vor der Hamburger Stadtgrenze, das Gelände für den späteren Tierpark kaufte. Er entwickelte als Erster gitterlose Freigehege, und die jeweilige Umgebung wurde der Herkunftslandschaft des Tieres entsprechend gestaltet.

Weil der Etat viel zu knapp war, um exotische Filme, die zu Stummfilmzeiten sehr in Mode waren, in afrikanischer oder asiatischer Originalkulisse zu drehen, wurde das bei Hagenbecks in den Gehegen erledigt. Fritz Lang drehte hier beispielsweise die Abenteuerfilme *Die Spinnen* und *Harakiri*, wobei die bedauernswerten »Eingeborenen« der Völkerschauen hier meist noch als Statisten herhalten mussten.

Inzwischen leben in dem immer noch im Familienbesitz befindlichen Tierpark knapp 2.000 Tierarten. Das Tropen-Aquarium ist fantastisch, und wenn man Glück hat, landet einem einer der frei herumspringenden Kattas auf der

Schulter. 2012 ist auch das neue Eismeer eröffnet worden, in dem die Eisbären, Walrosse und Pinguine auf 8.000 Quadratmetern munter plantschen können.
Lokstedter Grenzstraße 2, Stellingen/Lokstedt
www.hagenbeck.de

Doch Stellingen hat noch mehr zu bieten: Das **SchwarzLICHTviertel**, ein Indoor-Freizeitpark in totaler Dunkelheit mit verwegenen Parcours, Lichteffekten und einer prima Minigolfanlage mit leuchtenden Schlägern und Bällen. Rettet jedes verregnete Wochenende mit Kindern! Man sollte unbedingt vorher online reservieren, sonst könnte es sein, dass man nicht reinkommt – das SchwarzLICHTviertel ist sehr gefragt!
Kieler Straße 571, Eidelstedt
Tel. 040/219019150
www.schwarzlichtviertel.de

Und natürlich liegt ganz in der Nähe die wohl unterschätzteste Grünanlage Hamburgs, der **Volkspark**. Während im Sommer alle an die Elbe rennen, hat man den Volkspark fast für sich allein. Er ist unbestritten schön, für Hamburger Verhältnisse üppig bewaldet, es gibt weitläufige Wiesen, einen liebevoll angelegten Schulgarten und mittendrin den Tutenberg, einen stufigen Hügel mit festungsartiger Umrundung aus Hecken, der an eine frühzeitliche Kultstätte erinnert und auf dem es sich prächtig picknicken lässt.

Der Volkspark ist der größte öffentliche Park Hamburgs. Konzipiert wurde er Ende des 19. Jahrhunderts als Erholungsgebiet für die Altonaer Industriearbeiter. Er verfügt über 205 kaum genutzte Hektar – was man da alles bauen könnte! 1925 wurde das Volksparkstadion des HSV errichtet (heute Imtech Arena), 2002 die Multifunktionsarena O_2 World (ehemals Color Line Arena), 2008 wurde dann die Volksbank Arena, eine Eis- und Ballsporthalle danebengesetzt. Es ist zu hoffen, dass hier nicht demnächst noch eine Spaßbrauerei mit 2.000 Sitzplätzen in citynaher Lage entsteht. Oder ein Kurparkpavillon als Elbphilharmonie-Außenstelle. Oder die erste Auslauffläche Deutschlands für gefährliche Hunderassen (die sich die Tiere aber mit biologisch-dynamischen Kleingärtnern teilen müssten).

Freuen wir uns, dass es noch nicht so weit gekommen ist. Lauschen wir stattdessen der Waldohreule, dem Baumfalken und der Haubenmeise, die es in Hamburg nur im Volkspark gibt …

02:00 BIS 07:00

St. Pauli

Die ersten Möwen kreisen schon über dem Hafen. Aus dem Silbersack dringt Musik bis nach draußen auf die Straße. Drinnen wird vor der Jukebox getanzt. Hilde Knef singt *Für mich soll's rote Rosen regnen*, Paare schmiegen sich aneinander und wiegen sich im Takt. Heute ist die letzte Nacht, morgen soll die alte Kneipe geschlossen werden.

Hinterm Tresen lässt Siegi Astra-Kronkorken ploppen und füllt froschgrünen Sauren in Schnapsgläser. Auf den Tischen stehen frische Blumen in sauber ausgespülten Saftfläschchen.

Der Zigarettenautomat ist leer, ein junger Mann mit lose über den Schultern hängendem Kaschmirpullover und rosa Poloshirt hämmert empört auf allen Tasten herum.

Am Tresen sitzen zwei ältere Männer mit zerfurchten Gesichtern, zwischen ihnen lehnt eine Frau mit Dreadlocks und Zahnlücke an der Bar.

»Das is' wie auf der Titanic«, sagt Heike, »die Kapelle spielt noch, aber das Wasser steht schon auf den Decks.«

»Der Dieter, der is' auch immer gern hier gewesen, und was hat der immer gesoffen, die alte Sickergrube …

Auf Dieter!«, ruft Walter und lässt seine Bierflasche gegen die von Heike und Erwin *klötern*.

Zwei Barhocker weiter schmiegt sich Gesa an Arne, beide stoßen mit Apfelsaft an.

»Solange ich noch stille, geht das ja leider nicht anders. Aber wir können doch auch ohne Alkohol lustig sein!«, sagt Gesa zu Mareike.

»Das ist ja so ursprünglich hier«, sagt die. »Nur schade, dass es solche Kneipen nicht auch rauchfrei gibt.«

Um drei Uhr ruft Siegi vom Tresen: »Astra ist alle!« Es gibt lauwarmes Holsten, später nur noch warmes Flens.

Draußen donnert wütender Regen herunter, drinnen beschlagen Brillengläser und Kameralinsen.

Jan und Birte stehen mit ein paar Freunden am Tresen, beide ein letztes Astra in der Hand.

»Uns haben sie heute das Auto aufgebrochen!«, sagt Jan. »Beim ersten Versuch haben wir sie erwischt, aber heute Abend, als wir auf dem Weg hierher waren, kommen wir dran vorbei, und da steht die Tür offen! Aber komisch ist: das Autoradio und so – alles noch da.«

»Noch 'nen Sauren zum Bier?«

Herr von Oosten steht neben der Jukebox und singt bei *Du kannst nicht immer siebzehn sein* kräftig mit. Als Irmchen auf ihn zugehumpelt kommt, wird ihm ganz warm, und seine Stimme zittert ein wenig, als er sie anspricht: »Entschuldigung … ähm … also, das ist mir jetzt ein bisschen unangenehm, aber wenn ich Ihnen heute Abend die Getränke bezahle – dürfte ich dann vielleicht mal ihre Prothese anfassen?«

Irmchen schaut ihn erstaunt an. »Woher wissen Sie denn, dass ich eine Prothese hab?«

»Ich glaube, wir haben neulich mal miteinander gechattet …«

An einem Tisch hockt ein Pulk St.-Pauli-Fans und singt: »Wir sind Zecken, asoziale Zecken …«

Neben dem Tresen stehen Florence und Mehmet und knutschen.

Hassan tanzt mit Jennifer einen Discofox auf der winzigen Tanzfläche. »Da war nix mit 'ner anderen *bitch*, ich schwör!«, sagt er. »Und morgen kriegst du eine Überraschung von mir, die ist voll Hammer!«

Chris lehnt an einer Säule und schaut zu. Susa stellt sich neben ihn. Sie trägt eine Kette mit einem bunt glitzernden Ganesh-Elefanten.

»Na, hättest du auch gerne eine Freundin?«, fragt sie.

»Alder, bist du nich' 'n bisschen alt?«, fragt Chris zurück. Paul gesellt sich dazu.

»Sagt mal, der da hinten kommt mir irgendwie so bekannt vor …«, sagt er und zeigt auf einen alten Herrn mit akkuratem Seitenscheitel, der inmitten einer mächtigen Qualmwolke hinten in der Ecke sitzt.

Karin und ihr Arzt stehen draußen auf dem Trottoir. Karin schaut verängstigt durch die offene Tür in die übervolle Kneipe hinein. »Das kann ich nicht, oh Gott, das kann ich wirklich nicht!«

Der Arzt schiebt sich durchs Getümmel bis an den Tresen und kommt mit zwei schlierigen Gläsern voll Rotwein zurück. Dabei stößt er fast mit Alex und Arndt zusammen, die sich links und rechts bei dem jungen Polizisten eingehakt haben.

Manja und Sophie haben sich schick gemacht und betteln Siegi am Tresen an, ihnen ausnahmsweise mal einen Long Island Iced Tea zu mixen.

»Und dass die nicht mal am letzten Abend Champagner hier haben, das ist ja schon skandalös!«, sagt Sophie so laut, dass alle es hören können.

Eine Gruppe Architekten gibt den Damen stattdessen Saure aus.

»DAS kann man trinken? Wird man davon nicht blind?«, fragt Manja.

»Und Sie sind also alle Architekten! Da verdient man ja auch ganz gut. Sind Sie privat oder beruflich hier?«, erkundigt sich Sophie.

»Quasi beides, wir überlegen gerade, was man hier Sinnvolles bauen kann, wenn der Laden erst mal abgerissen ist.«

Erna und Herta fachsimpeln in einer Nische über Pflegeheime. Kalle und Fiete sitzen am Nachbartisch.

»Und du hast die 50 Euro auch wirklich nicht geklaut?«, fragt Fiete. »*Tscha nu*, soll's ja alles geben, ne?«

Hundi liegt unter Kalles Stuhl und schnarcht.

Und irgendwo in einer Hamburger Badewanne planscht ein einsamer Pinguin.

Mein St. Pauli – St. Pauli bei Nacht

Der **Silbersack** war so viel mehr als eine Kneipe. Er war über 50 Jahre lang Zuhause, Zuflucht und verlässlicher als manche Familie. Am 9. Mai 2012 ist die älteste Wirtin von St. Pauli, Erna Thomsen, im Alter von 88 Jahren gestorben. Obwohl alle wussten, dass das irgendwann kommen musste, hatte jeder doch gehofft, es würde ewig so weitergehen. Der Silbersack war kaum mehr als eine Bretterbude, ein bisschen Mauer, zusammengeschustert wie alles, was nach dem Krieg auf St. Pauli aus dem Boden gestampft wurde. Die Thomsens hatten einen direkten Durchgang vom Kneipentresen nach hinten in ihre Wohnung, und bis 2010 stand Erna jedes Wochenende ab Mitternacht hinter dem Tresen. Eine Lady, immer akkurat frisiert, die trösten konnte, ohne viele Worte zu verlieren. Die eine Schlägerei beenden konnte, ohne auch nur die Hand zu heben. Erna hatte ein dickes Sparschwein auf dem Tresen stehen, auf das ein kleiner Zettel geklebt war: »Für die Kinder von St. Pauli«. Auf Erna hat man gehört, sie war der Kapitän dieser kleinen berauscht schaukelnden Fregatte, die sich seit den 1950er-Jahren so gut wie nicht verändert hatte.

Der Silbersack war ein magischer Ort, der aus einem Abend einen unvergesslichen Teil Biografie zaubern konnte. Hier schleppte man Freunde her, tanzte mit wildfremden Menschen Stehblues, hier konnte man mit den Eltern auf Besuch ein gepflegtes Bier trinken, hier sprach jeder mit jedem, dazu schepperten Hans Albers und Udo Jürgens aus der Jukebox. Den Status ließ man draußen vor der Tür.

Am 31. Mai 2012 hat St. Pauli den Silbersack würdig verabschiedet. Es war eine rauschende Ballnacht und es herrschte hemmungslose Wehmut, während die Jukebox *Du kannst nicht immer siebzehn sein* spielte. Es tanzten Schrotthändler mit Politikerinnen, Journalisten, Maler, Kleingärtner und Berufstrinker lagen sich in den Armen. Bei *La Paloma*, *Auf der Reeperbahn nachts um halb eins* und *Das Herz von St. Pauli* sangen alle mit, dass die Bretterbude nur so bebte. Dabei wurde alles ausgetrunken, zuerst die Biervorräte, dann der Schnaps. Eine letzte Polonaise aller Anwesenden, als draußen schon die Möwen kreisten und der trübe Morgen herankroch. Es war eine von den ganz, ganz großen Nächten, die man nicht mehr vergisst.

Seit der Schließung traf sich jeden Dienstag eine stetig wachsende Gruppe für eine halbe Stunde vor der geschlossenen Tür, trank Bier und sang die Lieder aus der Jukebox auswendig und im Chor. Vom Pastor bis zum Klempner, vom Stützeempfänger bis zum Arzt – das war wunderbar. Presse, Funk und Fernsehen unterstützten die Aktion, das wöchentliche Bier wurde gesponsert, und Ernas Erben ließen sich schließlich erweichen: Sie verkauften an eine Gruppe von 20 Investoren, und zwar unter der Auflage, die Kneipe zu erhalten. Mit dem neuen Wirt (der schon zu Ernas Zeiten hinterm Tresen stand) wurde ein zehnjähriger Pachtvertrag abgeschlossen. Und seit Anfang August 2012 hat der Silbersack unverändert wieder geöffnet.

Die abendliche Reeperbahn kann man sich getrost sparen, ganz besonders am Wochenende. Zwischen all den Junggesellenabschieden und Kegelclubs aus dem Thüringer Wald macht man sich nur unglücklich. Stattdessen immer schön weg von der Rennpiste und rein in die dunklen Straßen links und rechts. Hier kann man fast nichts verkehrt machen – ein bezahlbares Bier und ein heiteres Gespräch findet man überall.

St. Pauli hat übrigens keine Sperrstunde und in manchen Läden geht's ab ein Uhr erst richtig los – hier meine Lieblingsorte auf St. Pauli vom Abend bis zum Morgen:

Einmal pro Woche, mittwochs von 16 bis 23 Uhr, gibt's den **Nachtmarkt St. Pauli**, einen gut sortierten Wochenmarkt mit allem, was man so braucht. Neben vielen vegetarischen

Angeboten und einem grandiosen Pasta-Stand wird ein saisonales Gericht zum Sonderpreis angeboten, manchmal Spanferkel, manchmal Grünkohl, je nachdem.
Spielbudenplatz, St. Pauli

Ich gestehe, ich bin ein kulinarischer Adenauer (»Keine Experimente«): Wenn mir einmal etwas schmeckt, dann esse ich es immer wieder – egal, was sonst noch auf der Karte steht. **Roccos** *Tagliatelle dello Chef* (Bandnudeln mit Mascarponesoße, Scampi und Maronen) gehören dazu. Ohne sie wäre mein Leben weniger lebenswert. Rocco führt ein zauberhaft wuseliges Restaurant mit prächtiger Küche und flottem Service. Hier lärmt Italien, wie nur Italien lärmen kann. Warum sollten die Kellner auch zusammenkommen, um etwas zu besprechen, wenn man es sich genauso gut durch den ganzen Raum zubrüllen kann? Zur Begrüßung gibt's für jeden einen Prosecco aufs Haus.
Wohlwillstraße 29, St. Pauli
Tel. 040/435505
www.roccohamburg.com

Die **Scharfe Ecke** ist immer noch das, was sie früher einmal war – eine alte Hafenarbeiterkneipe mit schlägereiresistentem Holzmobiliar, alter Jukebox und soliden Preisen.
Davidstraße 3, St. Pauli

Der **Komet** ist ein feiner abgerockter Kellerclub mit feiner punkrockiger Musik, prächtigen Trash-Partys und einer hübsch verschrobenen Literatur-Musik-Film-Performance-Rodiyssee an jedem dritten Donnerstagabend im Monat.
Erichstraße 11, St. Pauli
www.komet-st-pauli.de, www.triumpheundruinen.de

Eine einzigartige Burlesque-Show im Stil der 1940er-Jahre, dargeboten von zauberhaften Rockabilly-Damen, findet man im plüschigen **Queen Calavera**. Ganz nackig macht sich hier keiner, und es geht auch viel mehr um die Grandezza der Show als um hormonelle Ankurbelei wie in den üblichen Grillfleisch-an-Stange-Etablissements. Prima Laden, prima Musik, prima Publikum!

Gerhardstraße 7, St. Pauli

Ja, die Esso-Häuser könnten genauso gut im Bukarest der frühen 1980er-Jahre stehen. Abreißen soll man sie trotzdem nicht. Und zwar nicht nur, weil sie einen so einzigartigen Kiezclub wie das **Molotow** beherbergen. Das Molotow ist eine schwiemelige Kaschemme, wie es sie nur noch selten gibt – in einem Neubau müsste man erst einmal 20 Jahre rauchen, schwitzen und mit Bier rumsauen, bis man diese Atmosphäre auch nur annähernd wieder hinbekommt! Präsentiert werden hier prächtige Rock- und Indiekonzerte und der beste Poetry Slam in ganz Hamburg (jeden letzten Dienstag im Monat ab 20 Uhr).

Spielbudenplatz 5, St. Pauli

www.molotowclub.com, www.slamburg.de

Der **Golden Pudel Club** ist die Mutter aller abseitigen Hamburger Clubs. Die »Elbphilharmonie der Herzen« in dem kleinen Häuschen an der Hafenkante bietet vor allem Elektro-Tanzabende, aber auch allerhand andere zauberhafte Spinnereien.

St. Pauli Fischmarkt 27, St. Pauli

www.pudel.com

Nur ein paar Schritte vom Kawumms der Reeperbahn entfernt liegt die kleine plüschige **Hasenschaukel,** eine zauberhafte Bar wie von Tim Burton ersonnen. Hier gibt's Musik live und aus der Konserve und hin und wieder mal Literatur.
Silbersackstraße 17, St. Pauli
www.hasenschaukel.de

Der heutige **Fischmarkt** ist nur noch ein müder Abglanz dessen, was hier früher einmal stattfand: Rauchende, stinkende Dampfschiffe lagen mit Kohle beladen am Anleger, Fisch wurde direkt vom Kutter herunter verkauft, lebende Hühner, Enten und Schweine wurden auf dem Fischmarktplatz feilgeboten, das Dröhnen der Schiffsmotoren, Betriebsamkeit und die Rufe heiserer Stimmen lagen über dem knappen Kilometer zwischen Landungsbrücken und Fischauktionshalle. Seit 1703 gibt es dieses allsonntägliche Spektakel, und die unfreundlichen Öffnungszeiten rühren daher, dass sowohl Käufer als auch Verkäufer die Möglichkeit haben sollten, nach dem Markt den Gottesdienst zu besuchen.

Heutzutage waren die Krabben, die man auf dem Fischmarkt erwerben kann, schon zum Pulen in Marokko, und zwischen all den Ständen mit T-Shirts, Souvenirs und Tüdelüt muss man die Fischhändler fast schon suchen – hören kann man sie aber durchaus: Normalerweise bin ich kein Freund von Lärm und Geschrei, die Fischmarktverkäufer, die lautstark ihre Waren anpreisen, sind allerdings echte Performancekünstler und von einer Wortgewandtheit, die ihresgleichen sucht.

Inzwischen gehört es zum touristischen Standardprogramm, zuerst die Nacht zum Sonntag durchzumachen, um sich dann im Sommer ab fünf Uhr morgens und im Winter ab sieben Uhr ein Matjesbrötchen in den promilleschweren Schädel zu rammen. Nirgendwo in Hamburg ist die Wahrscheinlichkeit größer, von Wildfremden ohne Vorwarnung vollgekotzt zu werden.

Wer gerne ein paar Armvoll frische Blumen, zentnerweise Obst oder riesige Topfpflanzen erwerben möchte, der möge sich kurz vor Schluss einfinden, gegen 9:15 Uhr. Dann wird nämlich zum halben Preis verhökert, was das Zeug hält, weil der Markt pünktlich um 9:30 Uhr schließt. Und wem die musikalische Beschallung der Nacht nicht gereicht hat, der kann beim Frühschoppen und Livemusik in der Fischauktionshalle munter weiter auf den Bänken stehen und »Hossa« rufen.

Saisonale Attraktionen

Natürlich kann man in Hamburg jeden Tag irgendwelchen aufregenden oder kulturell wertvollen Aktivitäten nachgehen, aber vielleicht erwischt man ja treffsicher ein Wochenende, an dem etwas stattfindet, das nur dann stattfindet und sonst erst wieder im nächsten Jahr. Hier eine kleine Liste mit den prächtigsten jährlichen Veranstaltungen – die Termine variieren, deshalb vor der Hotelbuchung unbedingt noch einmal auf den Websites nachsehen!

Für den Freund des Rummels, des hemmungslosen Achterbahnfahrens und der Süßkramüberdosis ist der **Hamburger Dom** Pflicht. Insgesamt findet er dreimal im Jahr für jeweils vier Wochen statt:

Winterdom:	Anfang November bis Anfang Dezember
Frühjahrsdom:	Mitte März bis Mitte April
Sommerdom:	Ende Juli bis Ende August

www.hamburg.de/dom

Zwischen Ende April und Anfang Mai gibt es die **Lange Nacht der Museen**, in der alle Museen Hamburgs mit einem Ticket zu besichtigen sind. Daneben kann man ein üppiges Rahmenprogramm mit Musik, Tanz und Lesungen besuchen. Tipp: Auf jeden Fall die Sammlung Falckenberg in Harburg anschauen, die ist ansonsten nämlich nur nach Voranmeldung zu besichtigen!
www.langenachtdermuseen-hamburg.de

Hamburg und Japan sind eng miteinander verbunden. Daher gibt es beim **Japanischen Kirschblütenfest** Mitte Mai an der Alster das wohl grandioseste Feuerwerk des Jahres zu sehen, dazu eine Menge Veranstaltungen, wie zum Beispiel das **Japan Filmfest Hamburg** mit Kleinoden der japanischen Kinokunst.
www.hamburg.de/kirschbluetenfest-hamburg, www.jffh.de

Beim **Elbjazz Festival** Ende Mai werden zehn Bühnen rund um den Hafen mit bis zu 50 Konzerten bespielt – die großartigste Kulisse bietet die Hauptbühne bei Blohm & Voss. Im Ticketpreis inklusive ist die Barkassenfahrt von einem Spielort zum nächsten.
www.elbjazz.de

Bei der **Altonale** Mitte Juni wird im kompletten Stadtteil so viel Kunst und Musik geboten, dass es eine Pracht ist – von Lesungen im Park und in privaten Wohnzimmern über Street Art, Installationen und Ausstellungen bis hin zu Konzerten und Tanz.
www.altonale.de

Das **Internationale Kurzfilmfestival** findet seit 1985 jedes Jahr im Juni statt. In verschiedenen internationalen, nationalen und Hamburger Wettbewerben treten vielseitige Produktionen gegeneinander an, daneben gibt es zahlreiche Workshops und Begleitveranstaltungen.
festival.shortfilm.com

Traditionell am ersten Juliwochenende läuft auf der Horner Rennbahn eine Woche lang das große **Deutsche Galopp-Derby** – Hut auf, Wettgeld eingesteckt und hin!
www.galopp-hamburg.de

Das Festival **MS Dockville** (immer irgendwann zwischen Mitte Juli und Mitte August, bislang in Wilhelmsburg) präsentiert große Namen des Indie-Pop, Rock und Elektro, vor allem aber viele noch unbekanntere Bands, die kurze Zeit später mit einem Mal berühmt sind. Und das Art Camp zeigt Dinge von verwirrender Schönheit, für die es bisher noch keinen Namen gibt.
www.msdockville.de

Im August findet auf der Windhundrennbahn in Rahlstedt das jährliche **Mopsrennen** statt. Es können natürlich eigene Möpse angemeldet werden, aber auch das bloße Zuschauen ist ein großer Spaß.
www.mopsrennen.de

Beim dreitägigen **Alstervergnügen**, meist am letzten Augustwochenende, geht es ähnlich zu wie auf dem Dom – vielleicht ein bisschen distinguierter, aber das mag dem Ort geschuldet sein. Großartig ist das Feuerwerk!
www.hamburg.de/alstervergnuegen

Jedes Jahr am zweiten Septemberwochenende lädt der **Tag des offenen Denkmals** ein, Hamburger Bauwerke zu besichtigen, die der Öffentlichkeit oft ansonsten nicht zugänglich sind. Ich empfehle alles, was unterirdisch liegt, zum Beispiel den Eiskeller unter Lessers Passage in Altona oder den Düker in der Lombardsbrücke an der Alster.
www.hamburg.de/offenes-denkmal,
www.hamburgerunterwelten.de

Die **Nacht der Kirchen** findet jährlich meist an einem Sonnabend Mitte September statt. Alle Hamburger Kirchen haben geöffnet und bieten verschiedenste Veranstaltungen von Konzerten über Lesungen bis hin zum Tango.
www.ndkh.de

Die **Kreativnacht St. Pauli**, die meist an einem Freitag Anfang September stattfindet, ist eine ganz großartige Sache: Läden, Galerien und Kneipen rund um die Wohlwillstraße in St. Pauli-Nord bieten bis tief in die Nacht Konzerte, Poetry Slams, Workshops und bizarre Kleinode.

Die **Hamburger Theaternacht** Anfang September folgt dem gleichen Prinzip wie die Nacht der Museen: Sämtliche Theater bieten Vorstellungen und Programm, und man kann sich den Bühnen-Overkill bis zum totalen Synapsenkollaps geben!
www.hamburger-theaternacht.de

Das **Reeperbahn Festival** (Mitte bis Ende September) ist ein rauschendes Fest mit Kurzfilmpräsentationen, Street Art, einem angegliederten Comicfestival und natürlich musikalischen Acts der unterschiedlichsten Art.
www.reeperbahnfestival.com

Beim **Hamburger Filmfest** im September werden über 100 Filme gezeigt – von der Dokumentation bis zum Spielfilm, von Arthouse-Kino bis zu Mainstream-Blockbustern, darunter viele Erstaufführungen. Außerdem gibt es ein Rahmenprogramm mit kleinem und großem Staraufgebot.
www.ffhh.de

Die Hamburger **Straßenfeste** sind meist entspannte Veranstaltungen, werden oft mit einem Flohmarkt kombiniert, bieten immer Musik und ein reiches kulinarisches Angebot. Meine Favoriten sind das Straßenfest in St. Georg und das Wohlwillstraßenfest.
www.hamburg.de/strassenfest

Lüttes Wörterbuch Hamburgisch

abbeldwasch	unsinnig, unrealistisch,
angetütert	beschwipst (aber noch nicht betrunken)
an-, ausplünnen	an-, ausziehen
Backs	Ohrfeige
backsig	klebrig
Bagaluten	Menschen, die man für verbrecherisch, windig und nicht vertrauenswürdig hält
Bangbüx	Angsthase (*Büx* heißt übrigens »Hose«)
bannig	sehr viel (zum Beispiel *bannig* Durst, Ärger oder Schulden)
begöschen	bemuttern, liebevoll umsorgen
beipulen	jemandem etwas möglichst schonend oder über diplomatische Umwege nahelegen
Bonsche	Bonbon, Süßigkeit

bregenklöterig	unkonzentriert, langsam im Kopf (*Bregen* heißt »Hirn«); sehr lautmalerisch: Man hört in dem Wort geradezu, wie die einzelnen Hirnareale aneinanderrasseln
Buddel	Flasche
Buttsche, Buttscher	kleiner Junge; auch für erwachsene Männer gebraucht, die man liebevoll als etwas minderbemittelt beschreiben will
Daddeldu	Feierabend, Schluss, Ende
daddeln	spielen (vor allem an Automaten, im Casino und um Geld; wenn das Geld *verdaddelt* ist, ist es weg)
dafür nich', da nich' für	gern geschehen (als Antwort auf »Danke«)
das maach ich leiden	das gefällt mir
Deern	Mädchen
duhn	betrunken
es is', wie es is'	dazu gibt es nichts mehr zu sagen, daran lässt sich nichts ändern
Fofftein	Pause (aus dem Hafenbetrieb: 15-minütige Frühstückspause)
fünsch	eingeschnappt, beleidigt, nachhaltig verärgert
Gedöns	Kram, Unnötiges
hol di fuchtich	bleib tapfer (als Aufmunterung gemeint)
Kinners	Ihr Lieben (meist zur Einleitung einer Ansprache, um Aufmerksamkeit zu gewinnen)

kobern	Kundschaft anlocken (das, was die Türsteher bzw. *Koberer* vor den Tabledance-Bars auf der Reeperbahn tun: *»Kommsemarin, einmal zahlen, alles sehen!«*)
kodderig	körperlich starkes Unwohlsein (meist nach Suff), schlecht gelaunt
lass das nach	hör auf damit
luschern	einen Blick auf etwas zu erhaschen versuchen, das einen nichts angeht
lütt	klein
Lütt un Lütt	kleines Pils, dazu ein Korn (auch »Herrengedeck« genannt)
Mitschnacker	einer mit bösen Absichten, vor dem Eltern ihre Kinder warnen
Mors	Gesäß
mucksch	übellaunig, eingeschnappt
plietsch	schlau, gewitzt, pfiffig
Plünnen	Klamotten; Bett *(»Na, bist nich' ausse Plünnen gekommen?«)*
pütschern	Flüssigkeiten verschütten, mit Wasser herumspritzen; Tätigkeiten wenig stringent nachgehen
Quiddje	Ein Nichthamburger, der sich durch Sprache und Verhalten deutlich vom Hamburger unterscheidet oder einfach nur nicht hier geboren ist
rumtüdeln	seine Zeit unkonzentriert, sinnfrei, dabei aber erholsam verbringen

schnacken	plaudern (allerdings sollte für einen *Schnack* oder *Klönschnack* ein bisschen Zeit mitgebracht werden)
Sonnabend	Samstag
spaakig, verspaakt	feucht-muffig, schimmelig
Spacken	Idiot, Depp
spiddelig	dünn, mager, von schmächtiger Statur
Steert	Schwanz, meist bei Pferd oder Hund; wird bisweilen auch fürs menschliche Hinterteil verwendet
Stube	Wohnzimmer (noch immer gelegentlich als *S-tube* mit spitzem »s« gesprochen)
sutsche	ruhig, gelassen, immer schön langsam
tschintschen	eine Angelegenheit so organisieren, wie man es gerade braucht (auf eher unbürokratische Art und ggf. unter Inkaufnahme von Gesetzesverletzungen)
tüdelig	vergesslich, nicht ganz bei der Sache, dement
verdaddeln	vergessen, etwas vor lauter anderen Gedanken nicht mehr präsent haben (zum Beispiel Namen, Termine)
vigeliensch	kleinteilig, kompliziert, motorisch oder diplomatisch anspruchsvoll (zum Beispiel Uhrenreparatur, Modellbau, Vermittlung zwischen verfeindeten Parteien)
Waffelbruch	Burn-out (St. Paulianisch)
Wurzeln	Karotten

Zur Aussprache

Hambuagisch ist ein Dialekt, der meist ohne »r« im Mittelteil eines Wortes auskommt: *Stean* (Stern), *Wuast* (Wurst), *Hambuach* und so weiter.

Merke außerdem: Je proletarischer der Stadtteil, desto *brooitäääh das Haaambuaagisch, nääch*!

In Hamburg sagt man ...

... bis 12 Uhr mittags	*Moin!* oder *Moinsen!*
12 bis 14 Uhr	*Mahlzeit!*
ab 14 Uhr	wieder *Moin!*

Das gilt nur für Stadtteile mit eher handfester Bevölkerungsstruktur, in den feineren Gegenden sagt man »Guten Tag« – außer, man ist der Klempner.

Anredeformen

Sprachliche Besonderheiten sind auch das »Hamburger Sie« und das »Putzfrauen-Du«. Ersteres wird in besseren Kreisen gesprochen (»Jörn-Alexander, möchten Sie noch etwas von dem Graved Lachs?«). Letzteres findet sich überall dort, wo die Arbeit und der Umgangston so rau sind wie die Stimmbänder eines Fischmarktverkäufers: *»Du, Frau Schulze, ich geh mal nach Aldi hin, nech. Willswashaam?«*

Dank an ...

Tina Uebel für den Tipp an den CONBOOK Verlag, mich zu fragen, ob ich das *Heimatbuch Hamburg* schreiben wolle – danke!

Stephan Ditschke für ein ausgesprochen nettes Lektorat mit viel Geduld und Nehmerqualitäten.

Mathias Luther für den Buchtitel.

Thomas Müller für eine prächtige Fotosession und Autorenbilder, auf denen ich viel besser aussehe als in Wirklichkeit.

Antje Bakker und Silke Goes für die wunderbaren Fotos, die sie mir zur Verfügung gestellt haben.

Günter Zint für sein großes Vertrauen, mir eine Festplatte mit Tausenden seiner Kiezfotos zu leihen.

Wolfgang Schömel für weise Worte und tätige Hilfe.

Gordon Roesnik, Stefan Beissner, Ully Behrendt und allen voran Frank Isheim fürs geduldige Lauschen, fürs Lesen noch unfertiger Kapitel und für hilfreiche Anmerkungen.

D. fürs Dranglauben und Herumkutschieren und Mitdenken und Blockadenertragen.

... all die Tippgeber und Anekdotenerzähler und Lieblingsortverrater – ohne Euch hätte ich das nicht geschafft!

Erleben Sie Andreas Drouves Selbstversuch mit der spanischen Gesellschaft: 52 Momentaufnahmen, satirisch verdichtete Essays, skurrile Geschichten und Reportagen.

»Gnadenlos und doch charmant. Ausgezeichnete Lektüre.«
(Ralph Schulze, SPANIEN LIVE)

Andreas Drouve

Selbstversuch Spanien
Was mir in 52 Wochen alles vor die Hörner geriet

192 Seiten, über einhundert Abbildungen, komplett in Farbe

ISBN 978-3-934918-78-8

Stets mittendrin und mit einem Augenzwinkern schreckt **Andreas Drouve** vor keinem Tabu zurück und ist niemandem verpflichtet, keinem Stierzuchtbetrieb, keiner Partei, keiner Fluglinie, nicht einmal dem guten Geschmack. Er singt einen Abgesang auf den spanischen Macho, überlistet die Gasgesellschaft, feiert mit Feuerläufern und Stelzentänzern, stößt als Jakobspilger-Souvenir auf das »Gummi des Weges« und gerät in die Tentakel absurdester Bürokratie. Über allem schwebt die Frage: *Ist Spanien wirklich so anders?*

Begleiten Sie Drouve einmal quer durch die Wirrungen seiner Wahlheimat und seien Sie dabei, wenn Spaniens Wirklichkeit die Klischees übertrifft. Manches wird Ihnen Spanisch vorkommen. Manches noch merkwürdiger.

»Die Beobachtungen aus dem iberischen Alltag von Andreas Drouve klingen satirisch-provokant und spiegeln doch meist lediglich die reine Realität wider. Der Autor beschreibt Spanien aus einem kritisch-liebevollen Blickwinkel, den man nur als langjähriger Wahl-Spanier erlangt. Wir haben uns darin wiedergefunden und immer wieder köstlich amüsiert.« (Alexander zur Linden, Wochenblatt der Kanarischen Inseln)

CONBOOK VERLAG
www.conbook-verlag.de

Insa Lienemann und Katharina Jakob
OSTFRIESLAND
Wo man abends »Moin« sagt und Gummikugeln Vorfahrt haben – ein Heimatbuch
ISBN 978-3-934918-87-0

Insa Lienemann und Katharina Jakob verraten, wieso die Ostfriesen zu den Deppen der Nation wurden, weshalb sie eine Schwäche für stille Helden haben und warum ihnen die Freiheit wichtiger ist als Luxus.

Insa Lienemann ist gelernte Journalistin und arbeitete beim *Handelsblatt*, beim Wirtschaftsmagazin *brand eins* und beim *Spiegel*. Heute lebt und arbeitet sie als freie Journalistin in Aurich. **Katharina Jakob** absolvierte eine Schauspielausbildung, bevor sie nach einigen Jahren als Angehörige des fahrenden Volks Journalistik und Musikwissenschaft studierte. Heute arbeitet sie als freie Journalistin in Hamburg.

»Ein sehr unterhaltsames Buch.«
(Frank Ulrichs, Bürgermeister der Stadt Norderney)

»Der CONBOOK Verlag hat mit seiner Reihe *Heimatbuch* voll ins Schwarze getroffen.« (suite 101)

Die *Heimatbuch*-Reihe, u. a.